本书系国家社科基金一般项目"生态环境犯罪责任归属研究"
（批准号：21BFX062）成果

法学高阶入门

德国环境刑法

Umweltstrafrecht

［德］保罗·克雷尔（Paul Krell） /著

张志钢 /译

中国社会科学出版社

图字：01-2020-3973 号

图书在版编目(CIP)数据

德国环境刑法/(德)保罗·克雷尔(Paul Krell)著；张志钢译.—北京：中国社会科学出版社，2022.9（2024.7 重印）

ISBN 978-7-5227-0678-8

Ⅰ.①德… Ⅱ.①保…②张… Ⅲ.①环境保护—刑法—研究—德国 Ⅳ.①D951.64

中国版本图书馆 CIP 数据核字(2022)第 144552 号

原书作者：Paul Krell　原书书名：Umweltstrafrecht　原书出版社：C. F. Müller

出 版 人	赵剑英
责任编辑	许　琳　齐　芳
责任校对	谈龙亮
责任印制	郝美娜

出　　版	中国社会科学出版社
社　　址	北京鼓楼西大街甲 158 号
邮　　编	100720
网　　址	http://www.csspw.cn
发 行 部	010-84083685
门 市 部	010-84029450
经　　销	新华书店及其他书店
印　　刷	北京君升印刷有限公司
装　　订	廊坊市广阳区广增装订厂
版　　次	2022 年 9 月第 1 版
印　　次	2024 年 7 月第 2 次印刷
开　　本	710×1000　1/16
印　　张	14
字　　数	209 千字
定　　价	88.00 元

凡购买中国社会科学出版社图书，如有质量问题请与本社营销中心联系调换

电话：010-84083683

版权所有　侵权必究

中译本序

　　张志钢博士翻译的《德国环境刑法》系一部环境刑法教科书，作者是德国学者保罗·克雷尔教授。现在本书的中文译作即将由中国社会科学出版社出版，应译者张志钢之邀为本书作序，感到十分荣幸。德国的刑法学论著翻译介绍到我国，目前主要还是局限在刑法总论的教科书和著作，刑法各论的研究成果，包括教科书翻译介绍到我国的情况还是较为稀少的。本书的主题是刑法分则中的一个类罪——环境犯罪，为我国读者展示了德国刑法中的类罪研究的学术成果，因而值得推荐。

　　随着人类对生态环境越来越注重，对环境的刑法保护成为一个趋势。世界各国的刑法典或者附属刑法通常都设立了环境犯罪，我国亦不例外。在刑法中环境犯罪只不过是较为边缘的一个犯罪类型，但对环境犯罪的研究同样会呈现出刑法教义学研究的真实样态。刑法的总论教义学与各论教义学具有不同的特点，它们之间的关系表现为一般与个别的关系。在刑法教义学中，总论的研究样态更为明显地具有学术性和思想性，因为刑法总论，尤其是犯罪论体系本身就具有方法论的性质，其抽象性与逻辑性对于个别问题的解决具有指导意义。然而，刑法分则是以类罪与各罪为中心的，主要是对刑法总论的理论适用，因而往往表现为对刑法总论的简单套用，缺乏自身独特的理论内容。我国刑法学界因而存在重视刑法总论而轻视刑法各论的现象，或者说，刑法各论的学术程度远远落后于刑法总论。例如我国传统的刑法各论教科书或者刑法教科书的各论部分，基本上都是套用四要件理论，并没有揭示各罪理论的特有内容，给人以枯燥无味的感觉。我认为，刑法对各罪的论述，应当以罪状为中心，罪状是构成要件的住所，因此，也就是以构成要件为中心。只有依据刑法分则对各罪形态的具体描述，建构各罪的构成要件，以此展开刑法理论的叙述，这才是各罪研究的应有之义。在这一点上，《德国环境刑法》一书给我们作出了很好的示范，因而具有重要的参考价值。《德国环境刑法》一书虽然属于教科书，但从内容来看，实际上更接近于一部小型的环境刑法专著。本书的内容可以分为两部分：第一部分是环境刑法总论，第二部分是环境刑法各论。

本书环境刑法总论是对一般理论问题的研究。《德国刑法》中的环境犯罪具体罪名具有秩序犯的性质，可以归之于行政犯，因而作者以较大篇幅对环境犯罪的行政犯的特征做了论述。例如环境刑法的行政从属性，就是一个具有特殊意义的理论问题。刑法相对于其他法律来说具有后置法的性质，其他法律则是刑法的前置法。因而刑法与前置法之间具有一定十分密切的关系，无论是刑法的解释还是适用都不能离开前置法。对于行政犯来说，具有所谓行政从属性；对于民事犯（人身犯和财产犯）来说，则具有民事从属性。在本书中，克雷尔教授对环境犯罪的行政从属性问题做了较为细致而全面的论述。例如概念从属性，是指环境犯罪中的相关概念在通常情况下应当依照环境法的规定进行理解和界定。当然，正如克雷尔教授所指出的那样，概念从属性并不是绝对的从属性而是限制的从属性。考虑到刑法与环境法的性质不同，在对概念的理解上也会存在差异，不能强求一致。刑法受到罪刑法定原则的制约，对于概念的理解更加严格，不允许超越语义的边界，而行政犯对概念的理解则没有如此严格的限制，这就是可能产生"规范缝隙"。在刑法和前置法之间会产生各种规范的抵牾，在这种情况下应当严格按照法秩序统一原理，绝不能出现在前置法中允许的行为，在刑法中却被规定为犯罪的情形。除此以外，克雷尔教授在本书中还对空白罪状的合宪性问题和因果关系与结果归责等理论问题都做了具有理论深度的论述。作者是在环境刑法的语境中讨论这些问题的，因此将这些理论问题打上了深刻的环境刑法的烙印，显示出独特的学术品格。在刑法教义学中，各罪的研究往往会在一定程度上推进刑法总论的理论发展，这在刑法教义学史上是存在先例的。例如环境犯罪的因果关系是一个具有相当复杂性的问题，如果套用通常的因果关系理论，难以说明污染行为与结果之间的客观连接。在这种情况下，德国和日本学者分别提出了适用于环境犯罪的因果关系理论，由此而极大地丰富了刑法教义学中的因果关系理论。例如，德国学者库伦于20世纪80年代提出了累积犯概念，其原型出自水污染犯罪，如今已拓展到对自然环境和人为制度等集体法益的保护。单独的累积危险行为不会产生法益侵害，也不具有法益侵害的具体危险或抽象危险，这使得累积犯突破了传统危险犯的结构而成为刑法最为极端的扩张形式。累积性侵害产生于大量行为真实的累积效应。① 在本书中，克雷尔教授对累积性因果关系作了论述，认为累积性因果关系更是扩大了问题，即反观每个具体行为都没能达到显著性门槛。根据一般因果性归责，任何贡献都可视为原因，这是条件性基本公式也能得出的结论。环境刑法中的通说是，这些情形中所有贡献的累加之于结果具有因果关系。由此可见，建立在累积犯基础之上的累积的因果关系理论对于解决环境犯罪的因果关系问题具有较好的适用性。日本学者藤木英雄教授则提出了疫学的因果关系，以此解决公害犯罪中的因果关系问题。这里的公害犯罪，主要是指环境犯罪。日本学者藤木英雄在《公害犯罪》一书中对《公害罪法》与因果关系的推定做了研究，指出："由于有害的环境污染物质对某一地区内居民的身体或生命产生危害，譬如说，由于这种有害的环境污染物质而引起了某种症状，或者需要注意的人越来越多地出现时，如果认定是有排放这种有害物质的工厂，而且这个工厂的排放物所造成的灾害，其影响力已波及到居民区时，就可以推定这家

---

① 张志钢：《论累积犯的法理——以污染环境罪为中心》，载《环球法律评论》2017年第2期。

工厂就是公害罪的犯人。"[1] 通过这种事实推定而确定的因果关系，就是所谓疫学的因果关系。疫学的因果关系也称为流行病学的因果关系，这种推定的因果关系能否成为刑法中的条件关系，即使是在日本刑法学界也是存在争议的。肯定说认为，近年来，与公害犯罪相联系，探讨了疫学的因果关系问题。这是疫学上使用的因果认识方法。刑法中条件关系的公式，要根据科学上能够证明的法则来理解，这是原则。但是，在今天，毕竟不能说完全解释清楚了科学法则，因此，关于公害犯罪这种对人类而言尚是未知的领域发生的问题，需要对科学法则进行补充。所以，不可怀疑地存在着疫学上高度的盖然性时，刑法上也应该肯定存在条件关系。[2] 与之相反，否定说则认为，如果某些因素与疾病在时间上存在连续关系，并且存在正面（增加）相关关系、负面（减少）相关关系，就可以认定这些因素为原因。日本学者西田典之认为，出于防疫的必要，这里采取的是"存疑则罚"这一考虑。然而，刑法上的因果关系则必须是"存疑则不罚"。因此，不能因为存在流行病学的因果关系便肯定存在刑法上的条件关系。[3] 我认为，疫学的因果关系是因果关系的一种特殊形态，只能适用于环境犯罪的场合，因而应当在一定范围内肯定疫学的因果关系。

本书环境刑法各论是对各罪的构成要件的具体研究。在《德国刑法》中，环境犯罪包括垃圾处理犯罪和各种污染犯罪，例如水污染、土地污染、大气污染等犯罪。这些犯罪的特点是直接对环境造成破坏，因而属于狭义上的环境犯罪。与之不同，我国《刑法》中称为破坏环境资源保护罪，因而可以分为两类犯罪，这就是破坏环境犯罪和破坏资源犯罪。环境和资源虽然有着十分密切的联系，但两者之间不能完全等同。我国《刑法》第338条规定的污染环境罪和第339条规定的非法处置进口的固体废物罪和擅自进口固体废物罪属于直接的环

---

[1] ［日］藤木英雄：《公害犯罪》，丛选功等译，中国政法大学出版社1992年版，第54页。
[2] ［日］大塚仁：《刑法概说（总论）》，中国人民大学出版社2003年第3版，第192页。
[3] ［日］西田典之：《日本刑法总论》，法律出版社2013年第2版，第79页。

境犯罪，而第340条至第345条规定的针对水产品、珍贵、濒危野生动物、农用地、矿产资源、植物、林木等实施的犯罪，都属于破坏自然资源的犯罪。自然资源是环境的重要组成部分，但毕竟不像水、土地、大气这些属于环境密不可分的要素。对自然资源的破坏，属于间接的环境犯罪。自然资源本身具有财产价值，因而破坏自然资源的犯罪具有秩序犯和财产犯的双重属性。例如，非法采矿罪和盗伐林木罪都是在非法占有矿产资源和林木资源的同时，对生态环境具有附带的破坏性。而污染水、污染土地和污染大气等行为则是单纯的破坏环境，并没有财产犯的属性。因此，环境犯罪各论的研究是以各国刑法对环境犯罪的具体规定为根据的，具有更为纯粹的法教义学的性质。如前所述，我国传统的各罪研究，只是简单地套用四要件，具有机械性。我们应当转而以罪状所描述的构成要件为中心展开论述，由此勾画出各罪的犯罪轮廓或者构造。在这一点上，本书是值得我们参考的。例如在对未经许可的垃圾处理罪的论述中，仅仅是垃圾这个概念，就作了多个维度和多个法域的分析。首先是刑法中的垃圾概念和垃圾处理法中的垃圾概念比较研究，这里涉及行政从属性的适用。其次，作者区分主观上的垃圾概念和客观上的垃圾概念：主观垃圾概念是指垃圾所有权人处置或打算处置的物品，作者认为主观的垃圾概念在某种程度上是以《德国基本法》第14条所保护的消极财产自由为根基：原则上公民可自主决定保留或处置哪些物品。相比于财产所有人，垃圾持有人的处置意愿更能起到关键性影响。客观垃圾概念是指那些它们的持有者必须处置的物品。作者认为，客观垃圾概念的实践意义旨在克服主观垃圾概念的不足，从而避免持有者没有或者具有不合理不现实的想法。即便不能证明处置意愿，也有可能肯定客观的垃圾概念。再次，作者还区分了可移动的垃圾和不可移动的垃圾。可移动的垃圾是常见的被界定为垃圾物品，不可移动的垃圾例如污染的土地，能否界定为垃圾，这是存在争议的。作者认为不可移动的垃圾不能成为刑法中的垃圾。本书对垃圾概念的法教义学分析给我留下深刻的印象，展示了各罪研究的生动风貌。

环境刑法是刑法各论中的一个并不显眼的篇章，克雷尔教授从一般原理和具体罪名两个方面进行了深入而细致的分析，充分显示了刑法各罪研究的魅力。对于各罪的研究如果仅仅局限于各罪而没有背后深刻的一般理论的支撑，就会显得浅显。但如果脱离各罪的具体内容，使得各罪的研究仅仅成为一般理论的示范，则又会缺乏特色。在一般与个别之间的张力的把握，对于任何一个研究者来说，都是对学术功力的一个重大考验。

张志钢博士曾经在北大刑法专业学习并获得博士学位，目前是中国社会科学院法学研究所副研究员，专职从事刑法理论研究。张志钢在博士生期间曾到德国访学，对德国刑法具有较深的造诣。而且，张志钢对环境犯罪具有一定的研究基础，从而为本书的翻译奠定了语言和专业基础。我相信本书的出版不仅对于我国环境刑法研究，而且对于我国的刑法各论研究都具有较大的参考价值。特此推荐。

是为序。

陈兴良
谨识于北京海淀锦秋知春寓所
2022 年 4 月 30 日

中文版凡例

一关于注释。为方便读者查阅和检索，本书尽可能保留注释原文。对于个别需解释的名词，本书以"译者说明"方式注明。

二关于参考文献。本书保留参考文献内容，同时，结合中文阅读习惯将各章前参考文献与各章末尾深化阅读文献统一置于各章末尾。

三关于实务案例。对于正文中的司法实务举例，本书保留判决来源并置于该段末尾，以方便感兴趣的读者检索。

四关于法律法规名称。本书将正文多次出现的法律法规名称以德中对照方式置于本书尾部。法律法规在正文首次出现时，附对应的德文。

五关于环境犯罪具体条文。本书将正文中出现的相关环境法律条文以德中对照方式集中置于附录三。正文中出现的《德国刑法》第324条以下各条文的具体内容，可参照徐久生教授《德国刑法典》的中译本（北京大学出版社2019年版）。

中文版序言

在 20 世纪 80 年代和 90 年代，德国学界曾对环境刑法表现出巨大兴趣，后来却明显减退了。当我 2017 年出版这本教科书时，我侧重于把我对环境刑法中有关具体问题的想法汇聚起来，并在整体脉络下做教义性和体系性的整理。同时，我也尽力使这一时常颇显繁琐的法律领域，更容易为人们所接受。几年后有人找到我，并提出将这本书翻译成另一种语言，是那时的我根本未曾想过的。所以，现在本书中文版得以面世，于我而言是一种莫大的荣耀。

如果我没有被误导，种种迹象表明，在气候变化影响下人们又重新燃起对环境刑法的兴趣。以前的讨论固然重要，我们也面临着新问题。全球气候变化带来了国际性挑战，如果其他国家能随德国一道讨论，可谓适逢其时。就此而言，我也期待本书的翻译能为激发国际层面的讨论略尽绵薄之力。

非常感谢发起和实施翻译项目的张志钢副研究员和唐志威博士。如果没有他们的提议，就不会有本项目；如果没有他们的协作，也就不会有本项目的落实。我也要感谢德国穆勒出版社对本项目的慷慨支持。

保罗·克雷尔
2022 年 7 月于汉堡

Vorwort für die chinesische Ausgabe

Das wissenschaftliche Interesse am Umweltstrafrecht war in den 1980er und 1990er Jahren in Deutschland groß, aber zwischentzeitlich deutlich abgeflaut. Als ich 2017 dieses Lehrbuch in Deutschland veröffentlicht habe, ging es mir unter anderem darum, meine auf einzelne Fragen des Umweltstrafrechts verteilten Gedanken zu bündeln und die Gesamtzusammenhänge dogmatisch und systematisch aufzubereiten. Außerdem wollte ich ein bisweilen als eher sperrig empfundenes Rechtsgebiet möglichst leicht zugänglich machen. Niemals wäre ich dabei auf die Idee gekommen, dass man einige Jahre später mit der Idee an mich herantritt, dieses Lehrbuch in eine andere Sprache zu übersetzen. Wenn es nun in chinesischer Sprache erscheint, ist dies für mich eine außerordentliche Ehre.

Wenn nicht aller Eindruck täuscht, wächst unter dem Eindruck des Klimawandels das Interesse am Umweltstrafrecht wieder. Die bisherige Diskussion ist dabei wichtig, doch stellen sich auch neuartige Fragen. Weil der Klimawandel eine transnationale Herausforderung schafft, passt es in diese Zeit vermutlich gut, wenn die deutsche Diskussion auch in anderen Ländern nachvollzogen werden kann. Insofern erhoffe ich mir, mit der Übersetzung die internationale Diskussion ein wenig befruchten zu können.

Mein großer Dank gilt Herrn Professor Zhigang Zhang und Herrn Zhiwei Thang, die das Übersetzungsprojekt angeregt und umgesetzt haben. Ohne ihre Anregung wäre dieses Projekt nie entstanden und ohne ihre Mitwirkung wäre es niemals realisiert worden. Ebenfalls zu danken habe ich dem Verlag C. F. Müller, der das Projekt sofort bereitwillig unterstützt hat.

Paul Krell

Hamburg im Juli 2022

德文版序言

当前几乎没有有关环境刑法教学方面的最新文献，所以我出版了（新的）教科书。本书面向专门研习刑法的学生和从业人员。环境刑法问题通常只涉及相关主题和日常实践的小部分。因而，本书只介绍环境刑法领域所需的最主要的基础知识。

本书正是基于这样的理解而问世的。为一开始就能吸引读者，本书从《德国刑法》第 324 条着手介绍，出于实用考虑本书也尽可能以完整合理的方式将相关案例融入教学中。为与本系列丛书保持一致，我有意将注释中的参考文献限制在特定范围，读者可在各章的开头和末尾处找到更多参考文献。本书虽然只是导论，同样致力于让有兴趣的读者可以轻松深入地了解某个具体问题。

非常感谢 Jürgen Hintzmann 先生与 Marc Sotelsek 检察官在环境刑法实务方面给予的指导。同时，也非常感谢协助本书定稿的学术助理 Martin Eibach 先生和 Johannes Wölfel 先生，以及学生助理 Jonathan Friedrichs 先生和 Rebecca Kruse 女士。

保罗·克雷尔
2017 年 8 月
于汉堡

目 录

第一章 导论 …………………………………………… （1）
  一 环境刑法的历史演变 ………………………………… （1）
  二 环境刑法的（辅助性）保障功能 …………………… （2）
  三 环境刑法的概念与体系 ……………………………… （3）
  四 环境刑法的法益 ……………………………………… （5）
    （一）环境中心论与人类中心论 ……………………… （6）
    （二）作为通说：环境人类中心论 …………………… （6）
    （三）行政性法益的确定 ……………………………… （8）
  五 对环境刑法的批判 …………………………………… （8）
  六 环境刑法与经济刑法 ………………………………… （10）
  七 环境刑法的实践 ……………………………………… （11）

第二章 环境刑法的行政从属性 ……………………… （14）
  一 行政从属性的原因 …………………………………… （15）
  二 行政从属性的表现形式 ……………………………… （15）
    （一）概念从属性 ……………………………………… （16）
    （二）行政法从属性 …………………………………… （17）
    （三）行政行为从属性 ………………………………… （21）
    （四）行政合同从属性 ………………………………… （23）
    （五）行政判决从属性 ………………………………… （23）

（六）欧盟法从属性 …………………………………………（24）
　　（七）行政行为从属性的体系定位 ……………………………（24）
　三　行政从属性的合宪性问题 …………………………………（26）
　　（一）空白刑法条文的合法性 …………………………………（26）
　　（二）作为空白刑法的环境刑法 ………………………………（28）
　　（三）环境刑法的明确性与可明确性 …………………………（29）
　四　瑕疵行政行为 ………………………………………………（32）
　　（一）第330条d第1款第5项之权利滥用条款 ………………（33）
　　（二）违法的负担行政行为 ……………………………………（37）
　　（三）许可资格与许可义务 ……………………………………（38）
　五　非正式行政行为 ……………………………………………（41）

第三章　环境犯罪归属的一般问题 ……………………………（45）
　一　构成要件行为与结果归属 …………………………………（45）
　　（一）结果的定义问题 …………………………………………（45）
　　（二）累积犯理论 ………………………………………………（47）
　　（三）因果关系 …………………………………………………（49）
　二　正当化事由 …………………………………………………（57）
　三　故意与错误 …………………………………………………（59）
　　（一）故意与构成要件错误 ……………………………………（59）
　　（二）禁止错误 …………………………………………………（61）
　四　过失 …………………………………………………………（63）
　五　积极悔罪（第330条b） ……………………………………（66）
　六　加重的环境犯罪行为（第330条） …………………………（67）

第四章　设备运营中企业、行政部门的责任 …………………（69）
　一　普通犯与特别犯 ……………………………………………（69）
　　（一）第14条中的身份转移 ……………………………………（70）
　　（二）普通犯与特别犯的区分 …………………………………（71）

二　企业的刑事责任 …………………………………………（73）
　　　（一）水平的责任 ………………………………………（74）
　　　（二）垂直分层 …………………………………………（75）
　　　（三）运营官 ……………………………………………（81）
　　三　公职人员的刑事责任 …………………………………（83）
　　　（一）作为设备运营者的公职人员 ……………………（84）
　　　（二）环境行政部门中的公职人员 ……………………（85）
　　四　不作为犯中的正犯与共犯 ……………………………（93）

第五章　垃圾处理刑法 …………………………………………（96）
　　一　未经许可的垃圾处理 …………………………………（98）
　　　（一）刑法上的垃圾概念 ………………………………（98）
　　　（二）垃圾的危险性 ……………………………………（115）
　　　（三）犯罪行为 …………………………………………（121）
　　　（四）不作为的可罚性 …………………………………（122）
　　　（五）行政从属性 ………………………………………（124）
　　二　未经许可的垃圾出口（第326条第2款） …………（126）
　　三　未经运输的放射性垃圾（第326条第3款） ………（128）
　　四　迷你条款（第326条第6款） ………………………（129）
　　五　未经许可启动垃圾处理设备（第327条
　　　　第2款） ………………………………………………（129）
　　六　附论：垃圾运营中诈骗的可罚性 ……………………（132）

第六章　水保护刑法与土地保护刑法 …………………………（135）
　　一　水保护刑法 ……………………………………………（135）
　　　（一）水污染 ……………………………………………（136）
　　　（二）未经许可启动输水管道设备和污水处置设备
　　　　　 （第327条第2款第1句第2项和第4项） ………（141）
　　　（三）侵害受保护区（第329条第2、3款） …………（141）

3

  二　土地污染（第324条a） ……………………………… (142)
   （一）行为对象：土地 …………………………………… (143)
   （二）犯罪行为 …………………………………………… (144)
   （三）犯罪结果 …………………………………………… (145)
   （四）违反行政法上的义务 ……………………………… (146)

第七章　污染物排放控制刑法 ……………………………… (148)
  一　大气污染（第325条） ………………………………… (149)
   （一）危及大气构成（第325条第1款） ……………… (150)
   （二）由设备排放的有害物质（第325条第2款） …… (154)
   （三）排放有害物质（第325条第3款） ……………… (155)
  二　制造噪音（第325条a） ……………………………… (155)
   （一）危害健康的噪音（第325条a第1款） ………… (156)
   （二）引起噪音、震动和非电离辐射（第325条a
     第2款） …………………………………………… (159)
  三　未经许可启动设备（第327条第2款第1项） ……… (160)
  四　危害受保护区 ………………………………………… (161)

第八章　其他条文 …………………………………………… (163)
  一　原子能刑法 …………………………………………… (163)
   （一）未经许可启动核技术设备（第327条第1款） …… (163)
   （二）未经许可处置放射性物质（第328条第1款、
     第2款） …………………………………………… (164)
  二　危险物品刑法 ………………………………………… (165)
   （一）危险物品构成要件 ………………………………… (165)
   （二）危险物品运输构成要件 …………………………… (166)
  三　自然保护区刑法 ……………………………………… (166)
  四　释放有毒物质（第330条a） ………………………… (166)

附录一　环境刑法中的许可问题 …………………………（168）

附录二　环境法中相关条文对照 …………………………（178）

法律法规名称 ………………………………………………（185）

关键词索引 …………………………………………………（187）

参考文献 ……………………………………………………（197）

译后记 ………………………………………………………（200）

第一章 导论

一 环境刑法的历史演变

环境刑法起源于20世纪60年代，属于相对较**新的法律领域**。战后时期，环境保护议题尚未受重视。而主要由环境丑闻、森林消失以及臭氧空洞危机所导致的公共价值转向促使人们开始认识到，迫切需要制定可持续的环境政策以及相应的体系性规则。这其中就包括了通常所说的呈现为**附属刑法**中的刑罚规定。1980年6月1日生效的《第一次环境犯罪抗制法》（1. UKG）规定于《德国刑法》第29章中，正是这些规定形成了后来的**核心刑法**（第29章第324条以下诸条文）。这些规定有以下特征：其一，这些规定致力于象征性的一般预防效果，也即，在强调环境刑法重要性的同时，公民和刑事执法部门环境保护的规范意识日趋提高。其二，从立法原意看，这些规定强化了环境刑法的实践意义。其三，这些规定为环境刑法的体系化发展铺平了道路。

《第二次环境犯罪抗制法》（2. UKG）于1994年1月11日生效实施。它弥补了《第一次环境犯罪抗制法》的漏洞与不足。比如，现在以结果犯保护作为第三类环境媒介的土地（第324条 a）、第330条 d 第1款第5项设置的权利滥用条款，至今仍争论不休（边码49以及

52 以下）。环境刑法最近的发展态势是**日趋欧盟化**。① 这中间，欧盟法院 2005 年 9 月 13 日的判决起了关键作用。该判决认为，可以在原有法律基础上附加指令，欧盟可以设置最低标准以指令各成员国来制定刑罚条文。② 这些指令至今仍充满争议。《里斯本条约》第 83 条第 2 款明文规定了指令的功能。但欧盟理事会《通过刑法保护环境的框架性决议》（Rahmenbeschluss 2003/80/Jl des Rates über den strafrechtlichen Schutz der Umwelt），却完全没有涉及上述判决中的环境刑法保护。2008 年 11 月 19 日，欧盟议会通过《欧盟环境刑法保护指令》（über den strafrechtlichen Schutz der Umwelt，RL 2008/99/EG）才纳入环境刑法保护。德国经《第 45 次刑法改革法》（45. StrÄndG）的立法转化，已与先前的指令性规定大致吻合。③ 立法机关在 2016 年将《德国刑法》第 326 条第 2 款部分内容"外包"到附属刑法（《德国垃圾运输法》（Abfallverbringungsgesetz）第 18 条 a、第 18 条 b）中。这不仅与上述宏观指令矛盾，同时，引发区分与竞合问题也是不难预见的（边码第 186）。

二 环境刑法的（辅助性）保障功能

3　　环境保护作为时代主题，是我们当前政策争论的主要问题。毫无疑问，现代工业社会的日常生活中不可避免地存在大量的环境污染，有时甚至会造成严重的环境侵害。此外，**经济效益与环境改善**间也存在明显的紧张关系。④ 解决上述问题是立法者的主要任务，这尤其体现在行政法（立法）中。有时需要立法者在法律中明确环境侵害的前

---

① Vgl. dazu *Ruhs* ZIS 2011, 13 ff.
② EuGH NVwZ 2005, 1289; s. ferner EuGH NStZ 2008, 703.
③ Vgl. dazu *Heger* HRRS 2012, 211 ff.; *Pfohl* ZWH 2013, 95 ff.; *Szesny/Görtz* UPR 2012, 201 ff.
④ *Schünemann* FS Triffterer, S. 437, 440 f.

提条件，有时则需要行政主管部门依个案作出具体行政决定。刑法应当承认那些已获得行政许可的环境侵害行为。因为，同一行为不能既被（行政法）允许，同时又被（刑法）禁止。这是**法秩序统一性**要求使然。刑罚范围依附于行政法，这就是通常所说的环境刑法的**行政从属性**。换句话说，在环境保护方面环境行政法是主体，环境刑法只是具有**第二位的保障性功能**。①

这些观点既表明环境刑法对行政法的从属性，也更一般性地呈现出，只有当其他国家手段不足以解决问题时，刑罚才能作为**最后手段**介入的辅助原则。② 当然，这绝不意味着，为行政法所不允许的行为均受刑罚处罚。

例如：《德国垃圾管理法》原本是保证垃圾处理受到管控，然而随着时间流逝却逐渐演变为《德国循环经济法》（Kreislaufwirtschaftsgesetz）（参见该法第 1 条第 1 项）。该法原则上禁止倾倒与可持续发展相关的范围内的垃圾。即便无法完全做到禁止倾倒垃圾，也应该将它们回收利用（参见《德国循环经济法》第 6 条第 1 款）。垃圾刑法基本与可避免的垃圾倾倒无关，它只限于特定范围的垃圾——原则上限于倾倒危险垃圾（详细论述见边码 144、188 页以下）。

三 环境刑法的概念与体系

环境刑法通常有广义和狭义之分。广义的环境刑法，包括所有将环境危害行为置于刑罚之下的规范。狭义的环境刑法，只限于《德国

---

① Vgl. Rengeling/Dannecker/Streinz § 8 Rn. 4; Kloepfer/Heger Rn. 2 f.; Saliger Rn. 6 f.
② Dazu Roxin/Arzt/Tiedemann S. 3 f.

刑法》明文规定的核心刑法。本书仅涉及狭义的环境刑法，即《德国刑法》第324条及以下的条文。① 狭义环境刑法的体系——以保护方向为标准——可粗略划分为：以环境媒介（水、土地、大气）为保护客体的环境媒介犯罪，以及其他被立法者视为具有特别危险而置于刑罚之下的行为（诸如未经许可处置危险垃圾、未经许可运营特定设备）。图表表示如下：②

环境刑法的保护方向								
特定保护客体（特定媒介）				特定行为（多媒介）				
水（第324条）	土地（第324a条）	大气（第325条）	受保护区（第329条）	噪音（第325条a）	垃圾处置（第326条）	运营设备（第327条）	危险物品处置（第328条）	有害物质排放（第330条a）

6 这两类环境犯罪在刑法中有各种各样**的混合形式**，对之作体系性归纳是十分困难的。③ 对犯罪类型的描述，亦然。一般而言，只需特定行为的构成要件是抽象危险犯即可，特别是对设备运营以及垃圾或危险垃圾的处理。因此，不应简单地将环境媒介归纳为某一类犯罪类型，比如《德国刑法》第330条a中大气排放即包含一定的结果要素。更困难的是明确第324条、第324条a、第325条的犯罪类型。一方面，第324条a、第325条包含有结果要素（土地、大气须发生变化），另一方面也包括（以足以侵害的形式的）危险要素。即使第324条a看似是典型的实害犯，但要回答本罪的犯罪类型，也相当困难（边码71、72）。总体而言，本罪包含了**类型多变的（抽象）危险犯**。同样值得注意的是，

---

① 不包括《德国刑法》第307条、第309条、第310条第1款第1项、第311条、第312条。例外是实务中非常重要的垃圾交易中的诈骗犯罪（边码191及以下）。
② Angelehnt an *Saliger* Rn. 49.
③ Instruktiv *Maurach/Schroeder/Maiwald* BT 2 §58 Rn. 13 ff.

实践中过失实施环境犯罪也基本都成立犯罪。

四 环境刑法的法益

最后手段原则，是指刑法只应与那些具有社会危害性的行为作斗争。反过来，刑法应保护特别重要的人类利益。这些利益通常被称为**法益**。① 法益概念具有**教义学功能**：它能够根据保护指向将分则中的具体犯罪体系化。法益概念也有助于目的论解释——只有那些涉及法益保护的行为才能被置于犯罪构成要件之下。至于法益概念是否可以为刑罚划定边界，则极富争议。理论中对此大多持肯定观点。但是，在备受瞩目的兄妹乱伦案中，德国联邦宪法法院的判决则持不同看法：从宪法角度观察（让人眼花缭乱的）法益概念不具备"引导立法者的功能"，应根据《德国基本法》（Grundgesetz für die Bundesrepublik Deutschland）之秩序来确定刑法所保护的益。② 环境犯罪中的法益讨论，在一定程度上以法益概念对于刑罚规范合法性具有重要意义为前提。需要注意的是，《德国刑法》第 324 条及以下诸条文主要是欧盟法的要求，但这是否就是欧盟法益保护的宪法传统并不明确。③

法益概念的体系性功能明显体现在《第一次环境抗制法》的目标和《德国刑法》第 29 章的标题中。德国刑法采用的是**狭义的环境概念**：环境刑法所保护的是人类自然环境，即不同环境媒介和特定自然现象（如动物和植物）。④《德国刑法》第 324 条及以下诸条文对环境进行保护的原因和范围是存在争议的。首要的问题是，环境保护旨在

---

① Zum Folgenden etwa *Murmann* § 8 Rn. 10 ff.; *Rönnau* JuS 2009, 209 ff.
② BverfGE 120, 224 = JuS 2008, 550 (*Hufen/Jahn*).
③ *Kloepfer/Heger* Rn. 39.
④ Näher *Saliger* Rn. 25 f.

保护环境自身抑或最终仍旧是为了人类。

例如：K 被指控未经许可将 20 万吨污泥堆肥倾倒在砂矿中。科布斯（Cotbuss）地方法院认为，不存在未经许可的危险垃圾排放，"基于采砂场地带的水文地质条件，没有人类或动物陷入危险或受到干扰"。德国联邦最高法院质疑这种过于狭隘的理解，认为"应在各种不同的环境媒介下保护环境"。（**BGHSt 59,45**）

（一）环境中心论与人类中心论

9　　纯粹的**生态中心论**法益观认为，环境刑法就是为了保护环境自身。这种观点首先出现在环境伦理学中；尽管在法学中也存在这种学说，但刑法学并未认真对待。完全对立的纯粹的**人类中心论**的法益观，则主张环境刑法只是为了人类的利益而保护环境。① 即便根据这种观点，环境也应是所保护的法益，但这种集体法益只有在间接保护人之利益时才具有正当性。一言以蔽之，环境刑法只是对人类生命、健康的前置性保护。

（二）作为通说：环境人类中心论

10　　这种观点存在的疑问是：它既与**立法者的意志**矛盾，也和**立法体系**不一致。《德国刑法》第 29 章既包含人类中心论的条文（如《德国刑法》第 324 条 a 第 1 款第 1 项、第 325 条 a 第 1 款），也包括生态导向的刑罚规范；这些条文（如《德国刑法》第 324 条第 1 款、第 324 条 a 第 1 款、第 326 条第 1 款第 4 项）与纯粹的人类中心论观点很难达成一致。在具体规范中不难见到各种不同观点（边

---

① Vgl. insbesondere *Hohmann* Das Rechtsgut der Umweltdelikte,1991,S. 194 ff.

码5、6)。通说采取**折中观点**，即环境法益虽然具有独立性，但它也（只是）同时作为人类的生存条件被保护。因而环境刑法的保护重心有时是环境，有时是人类。这种生态人类中心综合体的观点，首先消解了人类中心论的反对意见——相较于纯粹的生态中心论，环境保护至少间接是为保护人类。不过，就环境保护而言，区分纯粹的生态主义与间接性保护的观点，并无实践意义。[1] 德国联邦法院（边码8）并不认同（纯粹的）生态中心论，即便是通说也不要求与人类一般性关联，而只要求严格的具体性关联。[2] 通说与纯粹人类中心论的观点区别较大。人类中心论的第二个缺点是，始终要求与个人法益具体关联；这点也与综合性观点无法区分。如果严格依循该主张，要么无法处理《德国刑法》第324条以下条文的合法性，要么需要在相当程度上对之作目的论限缩。这种极度的限缩性解释，实质上依然是立足于集体法益怀疑论的立场。[3] 其他类型的集体法益如《德国刑法》第331条以下条文所保护的公平的商业竞争，同样很难还原为个人法益。

由于《德国刑法》第324条以下各条所保护的是集体法益，**被害人同意作为正当化事由**未受关注。即便《德国刑法》第324条明确了"环境"是什么并因此保护它，也要认识到并非所有条文保护的都是作为整体的环境。因此，一直到1994年《第二次环境犯罪抗制法》设立《德国刑法》第324条a为止，土地污染只涉及地下水。对具体犯罪而言，有时候是生态中心论占优势，有时是人类中心论占优势。

---

[1] Vgl. *Rengier* NJW 1990, 2506, 2507f.; SK-StGB/*Schall* Rn. 27 vor §§324 f.; Stratenwerth ZStW 106(1993), 679, 683.

[2] *Heger* HRRS 2014, 168, 171.

[3] Vert. *Kuhlen* ZStW 105(1993), 697, 703 f.

因而，特定构成要件所保护的法益应进一步具体化。①

(三) 行政性法益的确定

12　　这种观点是由经常被讨论的水污染法益引起的：从行政法角度提出的疑问是水污染是否要求达到显著程度。因为水污染具有社会相当性，在水资源保护法上是被允许的。如果这类行为符合《德国刑法》第324条的构成要件，就会产生评价上的矛盾。这就需要通过行政法规定来克服矛盾，即（只有）出于相应水域公共法益目的而进行保护。②不难发现，这种观点是将行政从属性观念植入法益概念，但并不必然如此。若行政许可"只是"成立正当化事由，也能避免价值评价矛盾。行政性法益论在一定程度上过于限制法益概念的意义和潜力。而且，该观点也是从——某一行为不符合构成要件或"仅仅"具备正当化事由的区分具有重要意义——这一不太明确的假定出发的。区分两者是否有实践意义，是高度可疑的。③真实情况可能并非如此。

五　对环境刑法的批判

13　　显而易见，环境刑法自始就遭受各种批评。实践中**绝大多数轻微案件**根本不值得处罚，就是首当其冲的问题。值得注意的是，环境刑法有时候绕过这一目标，以致一些大企业的环境丑闻未能得到追诉，如实践中所谓的德国多特蒙德港PCB丑闻（Dortmund PCB-

---

① Vgl. Rengier NJW 1990, 2506, 2507 ff.; zust. Franzheim/Pfohl Rn. 5 ff.
② So insbesondere Papier Gewässerverunreinigung, Grenzwertfestsetzung und Strafbarkeit, 1984, S. 10 ff.; *ders.* NuR 1986, 1 ff.
③ Vgl. dazu *Rengier* NJW 1990, 2506, 2508 ff.; *Saliger* Rn. 39 ff.

Skandal)。① 根据德国《德国刑事诉讼法》第 153 条，本案被告人仅支付 8001000 欧元的费用。② 由此环境刑法也总是招致"放过大的、弄死小的"的非议。这既是在抱怨选择性刑事执法，也是在指责结构性的不公平。结构性的不公平呈现为互相关联的两个方面：一边是很多轻微案件被犯罪化，一边囿于经济因素大规模地放任那些严重危害环境的犯罪行为。③

对环境刑法的批评也涵盖这样的担忧，现行刑法过于宽泛以至于有介入本来不值得处罚的轻微案件之嫌。宠物狗主人的情形常被拿来作为例证。根据《德国刑法》第 326 条，如果主人允许宠物狗在操场上大便，就会受到刑事责难。④ 无论怎么说这都算极端例子，相关判决也缺乏说服力。同时，非常有道理的批评有时也是相对的，很多抽象危险犯的设立有其现实原因。比如，对于环境刑法中存在的累积效应或证明困难的问题选择何种模式，欧盟法也没有什么好办法。⑤ 如果大量的判决涉及处置动物尸体的**农民**，就需要考虑到这是否会给农业生产活动带来严重的环境危害或给人类造成损害。就此而言，这绝非微不足道的小事情。

也有观点指责，环境刑法之所以未（能）包括严重侵害环境的行

---

① Envio 是德国一家专门从事含有多氯联苯变压器的处置以及通过回收利用获得的原材料的营销的德国公司。该公司采用经批准的清洁工艺用四氯乙烯冲洗受 PCB（多氯联苯）污染的变压器部件。2010 年该公司公开承认，由于违反只有经过清洁或轻微受压的变压器部件才允许离开黑色区域的规定，已经导致数名员工因（PCB）而大量中毒以及公司场所和周边地区受到污染。PCB 可经动物的皮肤、呼吸道和消化道而为机体所吸收，是严重危害人体健康的有毒物质之一。PCB 对人体危害最典型的例子是日本 1968 年的米糠油中毒事件。这是德国近几十年来最大的 PCB 灾难，因公司厂房位于多特蒙德港口（Dortmunder），故称为多特蒙德港 PCB 丑闻——译者说明。

② Vgl. becklink, 2006, 289.

③ *Fischer* Rn. 5a vor §§ 324 ff.；*Frisch* GA 2015, 427, 432 ff.

④ AG Düsseldorf NStZ 1989, 532 m. abl. Anm. *Hecker*; anders dann OLG Düsseldorf NStZ 1991, 335.

⑤ Vgl. *Kloepfer/Heger* Rn. 58 ff.

为，是缘于经济层面的理由而被接受，但不能就此认为环境刑法应被纠正：否定刑事责任的根源仍旧在于环境侵害是为行政法所许可的。对**气候刑事保护**立法建议的权衡就是上佳的例子：从根本上缩小受许可之行为范围，可能很有必要。① 因而，问题的实质要么是对环境刑**法行政从属性的批评**——相关质疑终归还是对环境刑法合法性的怀疑，要么是对环境行政法的批评。环境刑法有时**执行不力**，是无法否认的（参见边码 17 以下）。实践中的困境诸如检察院、法院的超负荷运转，甚至自警察（的侦查环节）开始就欠缺行政许可的合理分类等方面的专业知识。反过来，这些困难又会被归因为环境行政法的错综复杂。对此，刑法亦无须极力否认。

六　环境刑法与经济刑法

16　　环境刑法能否归类为经济刑法，也存有争议。② 这个问题不好回答。更何况我们尚不清楚经济刑法的概念。③ 不过，如何回答该问题并不影响对具体问题的解决。可以肯定的是，环境刑法与经济刑法存在明显**重叠**。首先，在犯罪类型方面会时常见到很多"无被害人"的抽象危险犯与空白刑法规定。其次，**环境犯罪往往由企业实施**。诸如油船事故与核反应堆事故等环境灾难在《第一次环境犯罪抗制法》中占据着重要分量，以至于我们反倒无法想象环境犯罪会以其他方式实施。同时，环境刑法中不同级别员工的责任问题，正是经济刑法责任归属中的典型问题。环境刑法需要认真对待这些问题，与环境刑法是否属于经济刑法的关系不大。有趣的是，实务中对大型环境刑事诉讼

---

① Vgl. *Frisch* GA 2015, 427 ff., insbes. 438 f.
② Dazu *Saliger* Rn. 13 ff.
③ Näher *Kudlich/Oğlakcıoğlu*, Rn. 1 ff.

案件的追诉往往都在经济刑事审判庭（《德国法院组织法》（Gerichtverfassungsgesetz）第74条c）中进行。一方面，这是因为这一过程中通常存有经济犯罪（如腐败犯罪和财产犯罪）；另一方面，环境刑事诉讼与大型经济刑事诉讼一样也存在类似的举证问题，由熟悉这些程序的法庭审理也就顺理成章。

七 环境刑法的实践

无论是在警察部门登记的还是判决统计的环境犯罪案件中，《德国刑法》第326条都是被大量引用的条文。占据第二位的是《德国刑法》第324条，第324条a与第327条则在第三位徘徊。[①] 直到现在，环境刑法在刑事实务中的总体适用依旧**惨淡**。大约自1998年开始，**记录在案的环境刑事案件的数量急剧下降**。事实上，基于犯罪黑数的增加，案件数量事实上并未降下来。[②] 原因是多种多样的。存在的难题是，警察与检察官无从发现诸多环境犯罪行为。[③] 这既可能是个人举报，也可能是环境公职人员的**移送**。根据现行法（除了《秩序违反法》（Gesetz über Ordnungswidrigkeiten）第41条第1款以外），通常认为环境管理机构的公职人员具有揭发义务。涉及的**疑难案件**，或者是由企业实施的，或者是实施情况或法律适用情况比较复杂，而检察官往往遵循专家的报告。这些情形造成检察官在诉讼活动中比较边缘，到最后往往仍有排除合理怀疑的主张（《德国刑事诉讼法》第170条第2款）。许多案件过于复杂以致超出了环境行政机构的能力。对于辩护问题而言，除环境行政主管部门外，被告基本无能为力。构成要

---

① Vgl. Müller-Gugenberger/*Pfohl* § 54 Rn. 334.
② Vgl. *Kloepfer*/*Heger* Rn. 427.
③ Näher *Schall* NJW 1990, 1263, 1270 ff.

件错误与禁止错误问题，在此就得以凸显。同时，法律人也难以理解，主管部门基于自然科学或管理，在何时以何种理由批准许可。即使是行政管理人员也不一定能完全解释明白，他们自己也可能会受到起诉（关于对公职人员的惩处参见边码 123 及以下）。

18 在垃圾处置行业中，激烈的行业竞争催生了有组织犯罪。从刑事诉讼机关角度看，欠缺——即便是**特别严重的环境犯罪行为**（《德国刑法》第 330 条）的**电信监控**（TKÜ，全称 Telekommunikationsüberwachung）——狭义上的环境犯罪行为，因为《德国刑事诉讼法》第 100 条 a 没有规定。全球范围内大规模的垃圾回收与循环利用运动推动了法律发展，在经济刑法中产生了典型的**涡旋效应和螺旋效应**①。从实践维度看，**没收**也是环境刑法中极为重要的制裁手段。② 区域性环境处理成本的上涨，通常反映的是更大范围更大力度的（环境犯罪）调查。

19 在企业环境犯罪中，与具备强辩护能力的企业打交道是无法回避的。因环境犯罪案件通常异常复杂，诉讼流程参与各方多倾向于通过**和解**来终结诉讼程序（《德国刑事诉讼法》第 257 条 c）。《德国刑事诉讼法》第 153 条、第 153 条 a 对此也有规定。这些实践也是环境刑法招致批评的主要原因。③ 不过，将批评局限于通过少定罪以提高就业率还远远不够。④ 如果适用《德国刑事诉讼法》第 153 条、第 153

---

① 涡旋和螺旋效应是指，经济犯罪具有诱使涉嫌犯罪企业的竞争对手也采取犯罪手段以维持竞争力的效果。涡旋效应意在描述经济犯罪所具有的模仿性，比如一家企业通过商业贿赂的手段获得订单，其他企业也会这么做，否则就有可能失去市场机会。这些企业后续还可能通过伪造账目、洗钱等方式掩饰、隐蔽上游的违法犯罪行为。从概念上看，螺旋效应经由涡旋效应而超过了涡旋效应：它不仅模仿犯罪还可能继续扩大犯罪。当前，涡旋和螺旋效应尚未得到经验上的充分证实——译者说明。

② Vgl. zum alten Recht BGH NStZ 2014, 89, 93 (insoweit in BGHSt 59, 45 待版) m. Anm. *Kämper*; *Lindemann/Reichling* wistra 2014,369ff.; vgl. auch *Kloepfer/Heger* Rn. 449; 有关经济刑法中的引力效应和螺旋效应参见 Allgmein Wabnitz/Janovsky/Dannecker/Bültekap. 1 Rn. 17。

③ Näher *Saliger* Rn. 536 ff.,542 ff.

④ Vgl. *Meinberg* ZStW 100(1988),112,145 ff.; *Schall* NJW 1990,1263,1264.

条 a，处罚轻微环境犯罪与不处罚严重环境侵害的差距会缩小。此外，环境犯罪问题在细节上也有各种各样不容忽视的意见分歧。如果实践被理论淹没就常常无法抉择，最终只能依《德国刑事诉讼法》第153条经济考虑选择一种方案。① 在应受惩罚的临界情形诸如容忍、违法的负担行政行为等问题中，这种做法尤为明显。

参考文献：*Bloy* ZStW 100（1988），485；*ders.* JuS 1997，577；*Frisch* GA 2015，427；*Geulen* ZRP 1988，323；*Heger* ZIS 2013，289；*Hohmann* GA 1992，76；*Hümbs-Krusche/Krusche* ZRP 1984，61；*Kloepfer/Heger* Rn. 1－60；*Kuhlen* ZStW 105（1993），697；*Mansdörfer* Jura 2004，297；*Rengier* NJW 1990，2506；*Saliger* Rn. 1－62；*Schall* NJW 1990，1263；*ders.* FS Schünemann，2014，815；*Schünemann* FS，Triffterer 1996，S. 437；*Stratenwerth* ZStW 106（1993），679；*Tiedemann/Kindhäuser* NStZ 1988，337

深化阅读：*Hohmann*，Olaf：Das Rechtsgut der Umweltdelikte，1991；*Kareklas*，Stefanos Emmanouil：Die Lehre vom Rechtsgut und das Umweltstrafrecht，1990

---

① 这种观点的广泛性参见 Burkhardt in：Eser/Hassemer/Burkhardt，Die deutsche Strafrechtswissenschaft um die Jahrtausendwende，2000，S. 111，152。

第二章　环境刑法的行政从属性

20　　在《德国刑法》第324条以下各条文中，行政从属性是占据支配地位的**核心原则**。行政从属性概念存有诸多问题。这根源于由许多不同法律领域组成的法秩序指向同一个（这里指环境保护）问题，而且不同子领域相互依赖和影响。这些问题大多具有法律属性，有时也具有事实属性，但均是上位概念的反映。行政从属性首先意味着，环境刑法从属于环境行政法（边码25以下）。除了《德国刑法》第328条第3项、第4项以及第330条a有意排除从属性外，其余条文几乎全都贯彻了这种从属性。行政从属性是很多刑法教义学问题的源头。可行政法体系究竟会产生怎样的影响，如对行政性环境法益的讨论，在很多时候是模糊的。从属性是否影响构成要件该当性的排除或正当化事由的成立，也是无法绕开的问题（边码37以下）。行政决定排除可罚性与法益思想和教义学论证无关，由此衍生的问题是，瑕疵行政决定是否影响环境行政公职人员的可罚性。这些问题和上述责任归属问题，可视为**环境刑法总论**，本书第二至四章将处理总论部分（也包括诸如故意和过失问题等）内容，第五至八章则论述环境犯罪的具体构成要件。

一 行政从属性的原因

如上所述，对环境刑法的批评与行政从属性密切相关（边码 13 以下）。不过环境行政（法）从属性在某种程度上是规范论上的必然，环境刑法所处罚的行为不可能是为环境法所许可的。不具有行政从属性的环境刑法是难以想象的。[①] 可以设想的情形是，所设置的构成要件过于狭窄以致无法包含环境行政法所许可的行为。但这无法实现**有效的环境保护**。在具体情形中，期待环境刑法与环境行政法不存在冲突，只是幻想。这是先定的。冲突最终会通过法秩序的统一性被化解，当然，只有在缺乏法律框架时才能成为正当理由。但仅止于此，依然收效甚微。**空白刑法规范**之于经济刑法和附属刑法更为典型，这可以为这种法定的行政从属性增加两个理由。[②] 一是，行政法被用来作为指引性立法，尤其可借此避免过于冗长的刑罚规定。二是，有时行政主管机构更能胜任填补规范的工作。此外，空白规范灵活性强，即便现行环境刑罚条文需要修改，也可通过预先规定或行政行为作出迅速反应。但正因如此，行政从属性也带来了各种疑难问题。

二 行政从属性的表现形式

行政从属性有不同的表现形式。特别是行政法从属性与刑事可罚性、违反行政法上的义务存在明显关联。立法者在《第二次环境犯罪抗制法》第 33 条第 1 款第 4 项中，明确规定了"环境法上的义务"，

---

① *Franzheim/Pfohl* Rn. 18 ff.；SK-StGB/*Schall* Rn. 67 f. vor §§ 324 ff.

② *Frisch* Verwaltungsakzessorietät und Tatbestandsverständnis im Umweltstrafrecht, 1983, S. 8 f.；*Saliger* Rn. 68；s. auch allgemein *Kudlich/Oğlakcıoğlu*, Rn. 46 ff.

很多新制定的具体构成要件也出现了这一概念。但这远远不是行政从属性的全部内容。在此需要强调，行政从属性概念需要全方位、多角度的讨论：要考虑到具体构成要件中行政从属性在刑法体系与刑法教义学上存在的各种精细分歧，也要考虑到行政从属性所产生的明确性界限，尤其是，从属性绝不意味着环境刑法应完全以环境行政法为导向。行政从属性**概念太过笼统**，无法说明所有问题。①

（一）概念从属性

《德国刑法》第 330 条第 1 款第 4 项并未规定，环境刑法的**概念从属性**是行政从属性的表现形式。但《德国刑法》第 324 条以下各条文所含的很多概念，也为环境行政法所使用。《德国联邦土地保护法》（Bundes-Bodenschutzgesetz）第 2 条第 1 款定义了"土地"，《德国水资源法》（Wasserhaushaltsgesetz）第 3 条第 1 项和第 2 项定义了《德国刑法》第 330 条 d 第 1 款第 1 项的水域类型；不仅《德国刑法》第 325 条第 1 款规定了可见的大气改变，《德国联邦污染物排放法》（Bundes-Immissionsschutzgesetz）第 3 条第 4 款对此也有规定。垃圾的定义（《德国刑法》第 326、327 条）被规定在《德国循环经济法》第 3 条第 1 款；《德国刑法》第 327 条中所说的是"《德国联邦物种保护条例》（Bundesartenschutzverordnung）意义下的设备"。概念从属性对于基本的术语统一有重要意义。但也要看到这只是有**限制的从属性**，绝对不能超越刑法的限制。比如，行政法中所使用的概念可超越文义，基于《德国基本法》第 103 条的类推禁止原则，在刑法中却是不可接受的。② 这就可能产生"规范缝隙"。③

---

① Maunz/Dürig/*Schmidt-Aßmann* Art. 103 Rn. 203.
② *Saliger* Rn. 78；Sk-StGB/*Schall* Rn. 44 vor §§ 324 ff.
③ Vgl. dazu *Kudlich/Oğlakcıoğlu*, Rn. 49b；*Tiedemann*, Rn. 253 ff.

同时，如果与环境行政法的限制相矛盾，刑法也允许超越行政法的适用范围**扩张**概念。《德国刑法》第 324 条、第 324 条 a 所保护的两种环境媒介在环境行政法中存在法律定义。《德国水资源法》第 2 条、《德国联邦土地保护法》第 2 条第 1 款、《德国联邦污染物排放法》第 3 条第 4 款以及《德国循环经济法》第 3 条所说"本法所称的"水、土地、大气污染以及垃圾处理。因而，理应避免行政法中的解释和适用中的冲突。在此考虑下，比如《德国循环经济法》第 2 条第 2 款所包含的长清单即不被适用，因为这些材料规定在特别法中，而且《德国垃圾处置法》已一并规定了该问题。这些法律没有设置刑罚条文，所以《德国刑法》第 326 条就不仅仅包含《德国循环经济法》意义上的垃圾处置（边码 146）。① 还有一例就是刑法致力于全面的水资源保护，故《德国刑法》第 324 条也包含因自身经济价值较低而不为《德国水资源法》所保护的那些水域（参照《德国水资源法》第 2 条第 2 款）。这里并不存在评价矛盾，因为行政法对这些水域并不感兴趣。

（二）行政法从属性

行政法上的从属性，特别体现在上述**行政法规**中的**行政法义务**要件（《德国刑法》第 330 条 d 第 1 款第 4 项）。行政法义务规定在有关条文的构成要件要素中（边码 37），因此一些联邦或州的法律、法规可以保留部分刑事处罚规定。法律规定包括**所有具有外部效力的现行法律规范**：既包括形式上的议会立法，也包括实质上的条例和规章细则。通过《第 45 次刑法改革法》设立的《德国刑法》第 330 条 d，设置（依立法者意思是"描述"）了行政法上的义务、与许可等相关

---

① Vgl. BGHSt 37, 21, 24.

的义务、欧盟其他成员国的许可及欧盟法从属性的规定（边码36）。但是，这**不包括只有内部效力的行政规则**（如《保持大气清洁技术说明》）。① 行政法从属性带来了一系列问题。首先是**合法性问题**。合法性疑问来自两个维度：决定可罚性的不再只是法律，条例和细则中也有可罚性规定；行政法中的很多概括条款，并不符合《德国基本法》第103条第2款狭义上的**明确性要求**，这点稍后论述（边码39以下）。

26　　实现处罚条件的明确性要求，是非常困难的。因为环境行政法总是越来越错综复杂，在条例和细则中这些前提性规定尤其如此。在不具**可预测性**的背景下，公民需要"在重重迷雾中于刑法之外寻找相关规范"。② 行政义务不明是否影响可罚性，是重要的疑难问题。通说将违反行政法上的义务视为构成要件要素，从而适用于《德国刑法》第16条所规定的有利于行为人的错误规则，而不是取决于错误的可避免性（边码87以下）。不过，根据《德国刑法》第16条后半段的规定，行为人仍可能成立过失，过失犯在环境刑法中几乎处处有规定，而且司法实践也设置了非常严格的要求（边码94以下）。在迷雾重重中迷茫的公民形象也呈现出另外一番景象。打算依法行事的公民必须对法律有广泛深入的研究，这在很大程度上产生了**限制自由的后果**。这或许是对的。但在放射性物质对土地、空气或者欧盟自然保护区（"Natura-2000"）③造成污染时，可能存在疑问。不过，无视法律的复杂性，总是期待行为人事先了解法律相关情况，终归是不合理的。

---

① SK-StGB/*Schall* § 330d Rn. 14；MüKoStGB/*Schmitz* § 330d Rn. 12.
② So *Lenzen* JR 1980, 133, 137.
③ 文中"Natura-2000-Gebiete"，特指欧盟范围内的保护区网络，旨在保护濒危物种和典型栖息地，为保护欧盟的生物多样性做出了重要贡献。它有鸟类指令保护区和动植物栖息地保护区组成，目前约有27000个保护区，也是世界上最大的跨界保护区网络——译者说明。

第二章 环境刑法的行政从属性

按照立法者的想法，如果义务不只与环境法相关，而是与"**所有危险预防规定**"相关，那么潜在义务的范围可能过宽。同时，立法者也要求法律**保护环境**，尤其是人类、动植物、水、大气和土地免受损害或危险。①

具体细节留给具体环境媒介规定。② 比如《德国刑法》第 324 条 a 只是从属于《德国联邦土地保护法》。这种观点排除了这些规定，不仅与立法者的意思相矛盾，也造成《德国刑法》第 324 条 a 的适用范围不合理，因为《德国联邦土地保护法》几乎没有规定刑法上具有重要意义的义务。此外，明显将那些保护土地的——比如来自《施肥法》或《植物保护法》（Pflanzenschutzgesetz）——的规定排除在外，而这些只规定在特别法中。

不过，规范保护目的需要在**具体构成要件**中予以**明确**。这意味着条文应包含具体的保护利益或行为对象。越是以人类为中心的构成要件，其范围越可被进一步明确——如《劳动保护法》，在此不存在具体的环境条文。③ 环境法益的义务在"**至少间接可明显识别**"时，即已充分。④ "间接"是极具伸缩性的概念，以之作为区分标准有很大局限性，具体区分也充满争议。因此，间接环境保护有时走得很远，也就不足为奇了。

这些讨论首先转至《德国道路交通法》（Straßenverkehrsrecht）。

---

① Dazu umfassend *Kemme* Das Tatbestandsmerkmal der verletzung verwaltungsrechtlicher Pflichten in den Umweltstrafrechtbeständen des StGB,2007,186ff.,225 ff.
② *Michalke* Verwaltungsrecht im Umweltstrafrecht,2001, S. 77 ff.
③ BT-Drucks. 12/192,S. 23.
④ BT-Drucks. 12/192,S. 17（关于土地保护）。

众所周知，该法包括一些明显与环境相关的义务，比如危险物质运输（《德国道路交通法》第41条所列举的261、269以及第42条所列举的354）。一般交通规则和日常事故使事情复杂化，而教义学上的连接点在于水域和土地是否受到污染。唯有疑难案件中才涉及"行政法上的义务"的范围，但是与《德国刑法》第324条a不同，第324条不包含义务要素。所以，这涉及过失犯的一般教义学问题（边码96以下）。

例如： 德国汉堡市所允许的最高时速是50km。T以77km/h的速度驾驶，超速导致汽车失控而偏离了道路。受损的汽车因为汽油泄漏而污染了路旁土地。

问题是，T是否违反了《德国刑法》第324条a、第330条第1款第4项中环境行政法上的义务？《德国道路交通法》有很多规定都列举了义务，有时明显指向环境而非"与环境无涉"。[①] 行为人应当避免包括环境污染在内的所有事故后果，从而在交通领域同样保护环境法益。通说完全反对这种看法。[②] 从具体环境保护条文回溯至整体的法律保护目的，并非方法论上的必然。这样泛泛而论有违反法律的可能文义之嫌：可以将用于（dienen）理解成"有利于"而不仅是"从属于"，但大多数时候它是特殊连接点。广义解释可能最终导致环境法益被理解成反射性保护，这就导致构成要件要素失去了边界。一方面，这不符合明确性原则；另一方面，环境刑法无需继续介入，即被纳入日常交通违规这样的轻微案件领域。（明确性的）识别应符合

[①] So v. a. *Rengier* FS Boujong S. 791,795 ff. ,803 f.;ferner NK-StGB/*Ransiek* § 324a Rn. 17.
[②] *Krell* NZV 2012,116 f.;*Saliger* Rn. 88;i. E. auch AG Schwäbisch-Hall NStZ 2002,696.

更多条件，而不仅是以特定方式纳入环境保护。至于空中交通领域，显然不存在交通法上的义务，而行为人故意毁坏航空器也不会污染土地（参见德国之翼航空案①）。②

（三）行政行为从属性

刑事可罚性不仅取决于实体法，也取决于行政行为（《德国刑法》第 330 条第 1 款第 4 项所列举的 c 和 d 的情形）。这也包括《德国刑法》第 330 条 d 第 1 款第 4 项情形 d。环境行政行为从属性是**实践中最为常见**，同时也是**问题最多的行政从属性表现形式**。行政行为从属性主要的共通性问题是，个案的可罚性取决于行政部门，但不同行政区域所依照的标准完全不同（边码 48）。由行政行为特殊性所引起的行政行为一致性的问题具有重要意义，特别是环境法已经预见到了行政行为**违法却有效**的情形（参见《德国行政法院法》（Verwaltungs-gerichtsordnung）第 43 条第 2 款、第 3 款以及第 44 条）。**瑕疵行政行为的刑法处理十分棘手**，这点稍后再论（边码 49 以下）。剩下的问题还有突发性的行政执行行为。

1. 负担行政行为

当负担行政行为作为可罚性的前提时，可执行性就很重要。这首先是指那些明文规定未经许可或违反**可执行禁令**的犯罪（《德国刑法》第 327 条第 1 款、第 2 款，第 328 条第 1 款）。根据第 330 条第 1 款第 4 项之情形 c 和 d，即便义务源于行政行为，行为人行政法上的义务违反仍以这些义务可以执行为前提。除上述禁令外，备受关注的

29

30

---

① "德国之翼航空案"是指德国之翼航空 9525 号航班空难案。2015 年 3 月 24 日，德国之翼航空公司一架编号为 4U9525 的空中客车 A320 型客机坠毁，机上所载 144 名乘客和 6 名机组人员全部遇难。失事客机隶属德国之翼航空，为汉莎航空全资子公司——译者说明。

② Vgl. *Fahl* JA 2016, 401, 402 f.; *Mitsch* JuS 2015, 884, 888.

负担行政行为还有《德国行政诉讼法》（Verwaltungsverfahrensgesetz)》规定的**撤回与撤销许可**以及其他特殊规定。撤销许可使未经许可的行政相对人，有可能成立犯罪。依据《德国联邦污染物排放法》第20条第2款，这同样适用于未经许可的施工禁令。当存在许可或（只是）临时禁止（《德国联邦污染物排放法》第20条第1款、第1款a项，第3款）以及无需许可的施工（边码231以下）时，禁令的独立意义即被排除。

31　　　**行政行为必须具有可执行性**。无论如何，如果这种情况变得不可争议（参照《德国行政法院法》第70条第1款、第74条第1款以及第80条第1款），法律就排除了中止效力（参照《德国行政法院法》第80条第2款第1—3项）或者已下令立即强制执行，就属于《德国行政法院法》第80条第2款第4项所规定的情形。如果复杂行政行为有效，但既不是可立即执行的又不是终局性的决定，这种边缘情形会带来问题。从行政法角度看，现在已经是（暂时）可执行的，仅因为**以后提出的异议**可以终止效果，即暂停效力所具有的溯及力使强制措施失去正当性。① 在这种情况下，可以认为行政部门要自担风险，而公民可以用尽异议期。然而刑法不关注这些行政法上的溯及力。由于《德国基本法》第19条第4款在宪法上保障了用尽法律补救措施时效的可能。因此，我们需要**在刑法独立性方面对强制执行性做狭义解释**。② 结论是，只有永久的、可立即执行的负担行政行为才负刑事责任。

2. 行政许可行为

32　　　行政许可行为的意义在于有时可以排除刑事责任。一些犯罪中的

---

① Vgl. *Schenke* Rn. 318.
② BGHSt 23,86,91 ff.; *Wüterich* NStZ 1987,106,107; krit. *Schenke* FS Wolter, S. 217,219 ff.

主要情形是，法律明文规定以未经**许可**为条件。在通过批准许可以排除刑事责任的构成要件中，行为人只能是**未经许可**而行为（《德国刑法》第 324 条、第 326 条）。不过，在这些犯罪构成要件中，行政许可在刑法体系中的意义存有争议（边码 37、38）。行政许可的排除刑罚效力也存在**适用范围**问题。行政行为原则上只对被告知的行政相对人有效（《德国行政诉讼法》第 43 条）。为避免产生站不住脚的结论，应假定许可证使**企业行为**合法化。否则，即便工作人员的相关行为在许可范围内，依据《德国刑法》第 324 条仍有可能构成犯罪。

合法性效力是仅限于环境污染问题，还是可以延伸至**个人法益的问题**引起了激烈争论。争论背后的实质是在衡量公众对许可的基本信赖，以及许可在某种程度上对**剩余风险**的信赖。[①] 可行的思考方向是这类广泛的合法性效力的退让，**行政机构基本不处理**法益问题。[②] 剩余风险可以通过客观归责理论充分考虑许可的可信赖性（《德国刑法》第 17 条）。

33

（四）行政合同从属性

行政法上的义务来源还有**行政合同**（《德国刑法》第 330 条第 1 款第 4 项情形 e）。这主要缘于协作管理中日趋增加的公法合同。公法上的合同既不会产生处罚漏洞，当然也不会导致刑法扩张。《德国刑法》第 330 条第 1 款第 4 项的前提条件是源于行政行为所强制施加的义务。

34

（五）行政判决从属性

依照《德国刑法》第 330 条第 1 款第 4 项示例，（行政）法庭判

35

[①] 如核工业中核灾难的危险，批评见 *Wollenteit* ZUR 2013,323 ff。

[②] *Saliger* Rn. 121；a. A. LK-StGB/*Rönnau* Rn. 289 vor §§ 32 ff.；eingehend *Schall* FS Roxin, S. 932 ff.

决也可以设立行政法上的义务。《德国行政法院法》第 123 条**临时性法律保护**禁令具有重要实践意义。

（六）欧盟法从属性

36　　《德国刑法》第 330 条第 2 款明确设置了**欧盟法从属性**，包括《德国刑法》第 324 条以下的条文规定的义务、许可等所有行政从属性要素。其他欧盟成员国的法律有很多，也有已实施的欧盟和欧共体的法律。该行为在其他欧盟成员国实施是后续的适用条件。立法者的原意并不是将德国刑法的适用范围扩张至在国外实施的行为。德国行政法无论如何都可以适用在国内实施的行为。不过，实践中常见的是，只有行为结果出现在德国的情形（《德国刑法》第 9 条第 1 款情形 3）。新规对某些问题持开放态度①：对于《德国刑法》第 330 条 d 第 2 款涉及的犯罪，特别是《德国刑法》第 324 条、第 325 条 a 以及第 329 条第 4 款，依据欧盟法规定该如何处理仍不清楚。此外，还有**欧盟成员国以外的外国法从属性问题**。从实用角度观察，欧盟法从属性可视为纯粹的象征性立法：如果德国法律状况经常被推至极限，这就更适用于外国法及相应的技术。

（七）行政行为从属性的体系定位

37　　行政行为从属性的不同表现形式未涉及的问题是，其与行政法的连接置于犯罪结构中的哪一阶层？这一问题具有重要实践意义。对该问题的回答决定了很多错误论问题的责任归属。需要首先明确的是，**构成要件的功能**是**类型性地描述不法**。② 作为原则上严重偏离社会秩

---

① Dazu etwa *Meyer* wistra 2012, 371 ff.; SK-StGB/*Schall* § 330d Rn. 71 ff.
② Vgl. *Jescheck/Weigend* S. 245 f.; *Stratenwerth/Kuhlen* § 7 Rn. 9.

序的行为，该当构成要件行为无法彻底被类型化，通说提出**社会相当性概念**作为解释该当构成要件行为的进路。① 当前可以明确将违反行政法的特定行为方式作为**构成要件要素**。某些犯罪是未经许可的或违反强制性禁令的行为，某些是违反行政法上的义务的行为。立法者在此已经明确，行政违法属于典型的不法要素。

如何给《德国刑法》第 324 条第 1 款、第 326 条第 1 款中的"未经许可"定位，则充满争议。通说将之视为——至少是基于这个原因——**一般违法性要素**的证据。②

行政法维度的区分有时富有成效，即通过许可保留的预防禁令与通过豁免保留的压制性禁令的区分。更容易把握的常见称谓是**管控型许可**与**例外型授权**。前者指原则上被允许的行为，行政主管机关基于个案合法性审查可以设置限制。后者是指原则不受允许的行为，可设置例外。这一区分与社会相当性思想紧密相关。管控型许可行为关涉的是具有社会相当性而原则上被允许的行为，它具有排除构成要件该当性的作用，而例外性授权则定位在正当化事由。③ 这种一般性的区分是否合理存有疑问，至少环境法层面尚不明确。④ 不过，似乎不应高估这些讨论的意义：对《德国刑法》第 324 条而言，具有重要意义的许可是例外允许；至于在环境法中的管控型许可，立法者已经将之作为构成要件要素纳入这类犯罪了。区分问题也因立法者对通过欺骗手段获取许可情形的规制而化解（边码 52

---

① Näher *Rönnau* JuS 2011,311 ff.;*Stratenwerth/Kuhlen* §8 Rn. 30 ff.
② *Saliger* Rn. 98；SK-StGB/*Schall* Rn. 61 vor §§324 ff.
③ LK-StGB/*Rönnau* Rn. 274 vor §§324 ff.;vgl. auch *Kudlich/Oğlakcıoğlu* Rn. 71d f.;*Berndt/Theile*, Rn. 233.
④ Vgl. dazu *Detterbeck* Rn. 504 m. Nachw.

以下）。在未通过这些规定前，权利滥用被区分为排除构成要件事由与正当化事由。

三 行政从属性的合宪性问题

39　　对环境刑法行政从属性的怀疑主要是合法性问题。各种**批评旨趣各异**。有的认为，是否允许严重的环境侵害是刑法保护正当性的体现。如此，是否必然导致环境完全失去保护尚未可知，不过可以肯定的是环境刑法致力于避免这种趋向。也即，环境刑法既要致力于通过教义学上的努力解决微罪问题，也应从经济角度认真审视环境犯罪行为。

（一）空白刑法条文的合法性

40　　与行政法（行为）从属性所带来的主要问题形影相随的是空白刑罚规范。① 立法者在**空白刑罚规范**中并未完全终局地确定可罚性，而是转向了其他规定。比如《德国刑法》第 324 条 a 的规范接收者从中推断出，不应违反行政法上的义务往土地上倾倒垃圾。刑罚规范对此什么也没说，这就涉及法律明确性问题。《德国基本法》第 103 条第 2 款有两个保护面向：② 其一，使规范接收者知道刑罚规范的边界及适用范围。这在一定程度上属于法律主义原则下**立法者的自由裁量**。其二，依据《德国基本法》第 103 条第 2 款，应确保是由立法者而不是由行政法或司法实践在关键部分决定刑事可罚性。这是在法律主义原则下**法治国与刑罚合法性**的应有之义。

41　　空白规范有**真正**与**不真正**之分。不真正空白规范指的是法律规范

---

① Näher *Bülte* JuS 2015, 769 ff.
② AnwK-StGB/*Gaede* § 1 Rn. 2；*Roxin/Arzt/Tiedemann* S. 12 f.

的内部条文，也称为内部指引。在附属刑法中这很典型，刑罚条文常常汇聚在法律的末尾部分，如《德国联邦自然保护法》（Bundesnaturschutzgesetz）第71条、第71条a对环境的保护。内部指引显然不存在合法性问题，即便从明确性角度看也没疑问。与刑事可罚性的风险关联，有助于民众更好知晓，但要详细深入了解每一个具体规范可能是一项繁重的任务。真正空白规范则指向其他法律，可称为外部指引。与内部指引不同，外部指引常遭遇十分激烈的质疑。《德国刑法》第324条以下条文所指向的行政法，就是纯粹的外部指引。外部指引可以区分为**静态指引**与**动态指引**。

通过指引技术简化法律通常不存在合宪性疑问。立法机构在发布立法决议时，指引适用立法机关法律规定的内容（静态指引）。如果立法者指向的是当前生效文本中的其他规定（动态指引），让渡给他人决定可能导致独立确定条文内容权力的丧失。虽然无法完全排除动态指引，但也只有在法治国、民主及联邦国家有关的范围内才被允许；在此可以引入基本权的法律规定以限制其范围。（**BVerfG NJW 2016,3648**）

明确性问题在不同视角下存在不同的层级关系。刑法上具有重要意义的行为在原则上是否被允许的疑问，无法单独从刑罚规范中推论出来。即便刑罚规范中允许内部指引，也只能将外部指引外包出去："将违反德国联邦法律的刑事制裁放在该部门法如附属刑法中，还是将相对于一般情形之特殊意义的（提示性）规定署于刑法中，德国联邦立法机关具有自由裁量权。"[①] 德国联邦宪法法院原则上也允许空白刑罚规范。

---

① BVerfGE 75,329,343.

根据《德国基本法》第 103 条第 2 款,只能根据正式法律或成文法就法律在内容、目的、程度等授权范围内施加刑罚。公民对刑罚的条件和种类的预见可能性,参照的是法律而不是法律所保护的秩序。《德国基本法》第 104 条第 1 款第 1 句规定,立法者在制定自由刑条文时应足够明确,应予处罚什么行为、对该行为处以何种类型和期限的自由刑等,都由正式法律来明确。如果空白刑法规范构成要件由其他形式的法律填充,空白刑法规范的具体化就指向填充规范。空白刑法规范通过法律规定补充,造成这类指示缺乏充分性;这就更加需要明确处罚条件和种类,或者规定于空白刑罚规范自身,或者规定在其他条文中,从而使得空白刑罚规范之所指能够被明确规定。它因能满足不断变化的个别规定而具有合理性。(**BVerfGE 75,329,342**)

(二) 作为空白刑法的环境刑法

43　明确性要求所指向的另一突出问题是空白刑法问题,即《德国刑法》第 324 条以下能在多大程度上包含空白要素。[①] 应当肯定实体法意义上以违反行政义务为构成要件要素的罪名。有疑问的是,不要求许可和不要求违反行政法义务的构成要件。一般认为,分类根本不重要,类型归属不影响合宪性问题。[②] 行政从属性之于具体构成要件的适用究竟会带来哪些影响,则特别值得注意。比如,《德国刑法》第 326 条第 1 款就包含"未经许可在规划范围以外,或背离规定的或允许的流程"处理垃圾。

44　处置青贮汁的设备尚未被许可,因为指向这种用于青贮汁的设备

---

① Dazu *Kloepfer/Heger* Rn. 88 ff.；Sk-StGB/*Schall* Rn. 59 vor §§ 324 ff.
② So SK-StGB/*Schall* Rn. 59 Vor §§ 324 ff.

缺乏规定。存在的问题是处置过程基本偏离了原定程序。……实际上，德国下萨克森州的粮食、农业与森林部在一份简报中介绍了筒仓渗漏对水资源的危害，……青贮汁的存储以及在山野中的分配方案。不过，清除这些青贮汁的规定程序，或通过法规、行政具体化，或结合环境条件分类确定。……但简报不具有法律性质，通过简报提供关于环境危险和法律禁令的信息本身，不属于法律规范和行政行为。此外，也不存在法律规范尤其是规章规定许可处置青贮汁的具体方法。（**Aus OLG Celle NJW 1986,2326,2327**）

如果《德国刑法》第326条第1款属于空白刑罚规定，就理应完全赞同地方法庭的判决。因为有了上述的粮食、农业与森林部为处罚提供根据的案例的影响，……就可能逾越法律容许的边界。不过，通说认为，在垃圾处理中不论是未经许可的设施，还是未经许可的规定程序均符合《德国刑法》第326条第1款。① 这种情况包括垃圾处理的所有活动。相较于其他规定，如《德国刑法》第324条中的"未经许可"，从行政法从属性表面来看则具有完全不同（颇讨喜）的意义。这意味着地方法院的简报的分析并不重要，这是因为如果筒仓渗漏既不是允许的设施也不是特定的流程，原则上就满足了可罚性条件。还有个问题，即当符合规定时，简报能否起到预期作用。

（三）环境刑法的明确性与可明确性

即便人们在形式上认同行政从属性，明确性问题依然存在：规范接收者起码要知晓是哪些补充规范决定着可罚性。在此，首先遭遇的难题就是难以把握大量的潜在行为规范。而我们不清楚中间哪些行为规范之于刑罚规范具有重要意义，这又加剧了难度。随之而来的问题

---

① Fischer §326 Rn. 44, NK-StGB/*Ransiek* §326 Rn. 46; SK-StGB/*Schall* §326 Rn. 124.

就是，《德国刑法》第 330 条第 1 款第 4 项的规定是否是（可罚性的）充分条件。①《德国刑法》第 330 条 d 第 1 款第 4 项特别以"**服务于（Dienen）**"一词表明**具体化的潜力**。立法者对环境保护的义务"至少是间接的明显可识别"的描述具有高度误导性。间接保护的规定太过宽泛，也几乎无法明确描述。**证据效力**在一定程度上指明了解决问题的方法，在明确性原则下这也可以接受。但"间接"要求不能出现介入性因素，因为可以将环保目的解释成囊括几乎所有的行政法上的义务，比如一般道路交通规则（边码 28、96）。

1. 指引规范的明确性

如果立法机关最终借助外部指引，仍不得不受《德国基本法》第 103 条第 2 款确定性要求的约束。完整的构成要件来源于一并将补充规范"**解读进**"刑法典中。而且，作为构成要件要素的**补充规范**，既要符合法律主义原则，也要**符合**《德国基本法》第 103 条第 2 款狭义上的**明确性要求**。② 不过，环境法规定并非都清楚明了，而是存在大量**一般条款**。行政法的一般条款本身是无害的，但不能以空白补充规范的形式出现（比如《德国水资源法》第 5 条、《德国粪便法》第 3 条第 2 款、《德国植物保护法》第 6 条第 1 款第 1 句）。③ 尤为明显的是那些极为模糊以致所禁止内容无从具体化的条文。

《德国联邦土地保护法》第 4 条第 1、2 款：

第 4 条危险预防义务

1. 土地作业者之行为不得对地面造成有害变化。
2. 财产所有人、财产实际控制人有义务采取措施，防止破坏性的

---

① 不认同这种疑虑的观点，参见 Schall FS Küper, S. 505, 509 ff.
② Wessels/Beulke/Satzger Rn. 157.
③ Vgl. OLG Celle NStZ-RR 1998, 208, 209; Saliger Rn. 84.

土地变化威胁其财产。

这些规则不仅极端模糊，也与《德国刑法》第324条的要求重复，以致作为组成部分的构成要件沦为空话。命令的具体化是否以具体行政决定为必要，是一般程式和具体义务的区分标准。①

2. 法律与行政法规的规范具体化

在宪法层面对环境刑法的质疑通常和**立法机关之立法**自由紧密相关。首要问题是法律规定能否作为行政法上的义务来源。当涉及静态指引（边码41）情形时，因为立法机关可以作出最终决断，所以基本不存在问题。行政从属性的固有优势是，可以对环境需求作出迅速灵活的反应（边码21以下）。如果是动态指引，则立法机构**将部分的处罚决定权让渡于规定的制定者**。对此，德国联邦宪法法院并无异议。对于应有正式的立法规定而言——不是必须要有刑法——也可以通过行政规定继续"某种程度的具体化"（边码42）。事实上，司法实践已然妥协并基本接受了。即便如此，也应明确指出应由立法者决定可罚性的实质标准。大体而言，可以认为《德国刑法》第324条以下的各刑罚规范是决定可罚性的关键内容。②

47

更大的疑问是行政行为从属性的合法性。因为**决定可罚性的行政行为**并非实体意义上的法律。致命问题是立法者的原意在法律具体化层面无足轻重。③ 不难发现，立法者在创设构成要件时有很大的自由裁量空间，往往能自行决断。其中的关键点是行政机关的决定以立法目标为导向，并未纳入原初的应罚性考量。这是因为刑罚根据的作用

48

---

① *Schall* FS Küper, S. 505, 511 f.

② Näher *Kemme* Das Tatbestandsmerkmal der Verletzungverwaltungsrechtlicher Pflichten in den Umweltstrafrechtbeständen des StGB, 2007, S. 104 ff.

③ SK-StGB/*Schall* Rn. 64 f. vor §§ 324 ff.; MüKo-StGB/*Schmitz* Rn. 49 vor §§ 324 ff.

只是反射性的。明确性问题与合法性问题在这个问题上再次纠缠：不无疑问的是，行政行为往往能完全左右命令与禁止行为，二者并不符合《德国基本法》第 103 条第 2 款法律的明确性要求。只有将要求降低至通过行政机关在个案中明确规定才有讨论和实现明确性的可能，才能说明行政行为从属性具有正当性。另一突出问题是刑事可罚性取决于**不同区域的行政实践**，依据《德国基本法》第 3 条第 1 款，这也是宪法问题。①

四　瑕疵行政行为

49　　行政行为从属性除基本的合法性问题外，还有诸多细节问题。行政行为合法性问题还算简单，复杂的是瑕疵行政行为。首先，行政法体系中这些**违法**（或无效）的**行政行为，原则上仍然有效**（《德国行政法院法》第 43 条第 2 款、第 3 款和第 44 条）。持续通过权利滥用方式违法获取许可的行为人是否构成犯罪，是人们长期争论的问题。依照《德国行政诉讼法》第 48 条第 3 款第 3 句第 1 项撤销违法行政行为前信赖保护的规定，反向推理的结论就是这些行政行为违法但有效；即便是通过敲诈、威胁或贿赂获得的许可，亦然。这些行政行为免于刑事处罚，仅就刑法角度看就令人无法接受。这一问题通过《第二次环境犯罪抗制法》得以克服，立法者在《德国刑法》第 330 条第 1 款第 5 项中规定这些行政行为在刑法上无关紧要。当出现这些情形时，刑法保护不再具有严格的从属性。

50　　然而，这一条款又引发新的问题，即便忽略权利滥用仍存在争议的情形。《德国刑法》第 330 条第 1 款第 5 项的修订导致 1994 年以前

---

① *Kloepfer/Heger* Rn. 98；*Saliger* Rn. 92.

的司法实务和理论文献只能有保留地适用。就行政从属性的根据和边界的革新而言,这是具有重要意义的解释。一方面,这使得具体问题领域中各观点一开始就受到不同立场的影响;另一方面,这一领域的理论文献漫无边际,细节上枝枝蔓蔓几乎失控。因此,下文无法去展示全部内容,只呈现教学中或多或少有所助益的纲要。纲要在宏观方向上区分为两类:一类观点主张高度从属于行政法的实体性规范;另一类观点主张严格从属于具体的行政决定,这和行政实体法从属性的观点就不一致。

上述行政行为从属性观点经过严格转换的另一种观点就是**行政规范从属性**。[①] 尽管这两种观点都是各自脉络下的行政从属性,但关键连接点不同。粗略而言,前者强调立法者的意志,后者强调行政部门的意志。这就能解释为什么 1994 年前人们对此存有争议:即便有效的行政许可也应处罚。如果严格遵从行政行为从属性,就应该与行政法的规定一致;之所以行政行为是违法的,关键是哪种观点具有决定性,是行政规范的违反还是行为一致性。依照上述观点,对于涵盖违法行政行为的行为,也可能产生刑事可罚性。反过来,依照行政规范从属性思维导向刑罚的情形,在行政行为从属性思维下也可能否定刑罚(边码 58、61)。

(一) 第 330 条 d 第 1 款第 5 项之权利滥用条款

1. 终局性规则

立法者通过《第二次环境犯罪抗制法》,最终在第 330 条第 1 款第 5 项中吸收了此前观点并将之法律化,即通过权利滥用获取行政许可不具有免除刑罚的效力。反向推理就是,所有其他违法行政行为也

---

① S. *Kuhlen* ZStW 105(1993),697,706.

应在刑法层面考虑，因为立法者最终规定了具有刑法意义的权利滥用情形。**无效行政行为**也没有刑法上的**豁免效力**，这在《第二次环境抗制法》颁行以前是公认的。① 仅仅是对行政行为违法性的（事后）认知——与此前一些肯定看法不同——很难起到加重规范接收者负担的作用（如边码55）。② 《德国刑法》第330条第1款第5项包括了**尽可能多的许可**，至于是具有排除构成要件的效力，还是成立作为正当化事由，在所不问。但对这些许可也有限制，如果行为人通过权利滥用阻碍负担行政行为的命令，仍不具有可罚性。

2. 权利滥用行为

应参照《德国行政诉讼法》第48条第2款第3句第1项和第2项解释权利滥用行为。就**威胁**和**贿赂**而言，反过来又以《德国刑法》第244条第1款和第331条以下条文为指引回溯至有关定义。《德国行政诉讼法》第48条第2款第3句中不包含**共谋**，这由刑法单独确定。③

威胁指，行为人对公职人员（假装）以明显恶害施加影响。

贿赂的条件是，行为人对公职人员提供、允诺或给予利益，公职人员在不法意图下批准许可。

共谋可理解为，公职人员与许可相对人之间违背义务的旨在共同**违法的协作**。

不正确或不完整信息是指，对授予行政许可具有重要影响的事实的书面与口头说明。当说明与事实不一致时，信息不正确；当信息提

---

① Vgl. BGHSt 23, 86, 91.

② So noch LG Hanau NJW 1998, 571, 576; S. auch *Frisch* Verwaltungsakzessorietät und Tatbestandsverständnis im Umweltstrafrecht, 1993, S. 78 ff.

③ Einzelheiten bei *Saliger* Rn. 105 f.

供者所提供的信息未达到可作出决定的最低限度的信息时，信息不完整。

欺诈以有目的的故意行为为必要条件。

权利滥用行为必须与批准许可之间具有**因果关系**。比如，公职人员是因误判法律情形而批准许可时，则不存在因果关系。当信息提供者误认为，他的行为存在因果关系，或者基于事实错误误以为合法的许可违法时，则成立**不能未遂**。① 当然，在许可情况下可以排除构成要件：行为人所想象的事实符合客观构成要件的条件，如果行为人未认识正当化事由前提性事实，许可作为正当化事由的效力，或是（类推适用）可能是通说的未遂规则，或是根据相反观点按照既遂处罚。② 如果信息提供者基于法律错误，误认为合法许可违法，则产生**与幻觉犯的区分问题**。③

3. 个人适用范围

如果我们不带偏见去审视《德国刑法》第 330 条 d 第 1 款第 5 项，就会产生以下印象：通过权利滥用取得许可通常会按照未经许可处理。

例如：（1）有限责任公司董事长 G 经营着一家炼油厂，他通过贿赂主管部门工作人员，获得了违法但有效的许可（依据《德国联邦污染物排放法》第 4 条）。继任董事长 N 从前任那里知晓事情经过。

（2）有限责任公司 G 将炼油厂卖给有限责任公司 X。作为与该事

---

① SK-StGB/*Schall* § 330d Rn. 49.
② Dazu allgemein*Wessels/Beulke/Satzger* Rn. 401 ff. ,406.
③ Vgl. *Matejke* Der Irrtum über Verwaltungsnormen im Rahmen der Verwaltungsakzessorietät，2008，S. 207 ff. 法律错误中不能未遂与幻觉犯的一般区分，参见 Roxin AT II § 29 Rn. 388 ff.

实相关的行政行为，法律上许可继续有效。有限责任公司 X 的董事长 Y 知道许可是 G 通过贿赂得到许可。

作为许可相对人的有限责任公司的经营是合法的（边码32），但不包含 G 通过贿赂获得的许可（《德国刑法》第 330 条 d 第 1 款第 5 项）。N 和 Y 如果知晓这一事实，能否被视为权利滥用，对此则存有争议。这需要考虑开放的文义以及该规定的意义和目的：任何人不应有意利用以不诚信方式获取的法律地位。有时观点发生分歧，如认为《德国刑法》第 330 条 d 第 1 款第 5 项只适用于法定继受人。因而，这就通常需要限缩解释，即**责任归属**依据《德国刑法》第 13 条、第 14 条以及第 25 至第 27 条。也就是说，权利滥用行为通常只是不利于直接相关人。只关注立法者在《德国刑法》第 330 条 d 第 1 款第 5 项所规定的许可还不够，还应注意到指向**违法性认识**的《德国行政诉讼法》第 48 条第 2 款第 3 句第 3 项。①

4. 欧盟范围内其他国家的许可

《德国刑法》第 330 条 d 第 2 款第 6 项也注意到了其他欧盟成员国家的许可。不过，《德国刑法》第 330 条 d——一如立法说明——对该问题保持沉默。也即，如果这些许可是在欧盟其他国家通过权利滥用获得的，是否仍然适用？②《德国刑法》第 330 条 d 第 1 款第 5 项所克服的问题再次出现，也即《德国刑法》第 324 条及以下各条文是否内在地包含了权利滥用。与此无关的另一个问题是，是否不支持欧盟成员国法律行为与行政行为相互认同的思想，这些许可在刑法层面的效力尚待检验。这些问题只有在法秩序意义下才具有实践意义，在德

---

① So *Paetzold* NStZ 1996, 170, 173; *Saliger* Rn. 108; zur Gegenmeinung vgl. SK-StGB/*Schall* § 330d Rn. 59 f.; (nur) für den Rechsnachfolger auch *Rogall* GA 1996, 299, 318.

② Vgl. dazu *Hecker* FS M. Schröder S. 531 ff.; *Heger* ZIS 2013, 289 ff.; *Kloepfer/Heger* Rn. 113 ff.

国并非所有违法许可都必然归于无效。

（二）违法的负担行政行为

违法的负担行政行为具有何种效力，是另一个始终具有开放性的问题（因为《德国刑法》第 330 条 d 第 1 款第 5 项并未规定）。如前所述，受两种不同的基本立场影响，对该问题的回答充满争议（边码 51）。有的回溯至关键点（行政行为从属性），主张即便该行政行为可能违法，有效的行政行为也足以排除刑事可罚性。① 在该观点下，行政机关的评估能力具有决定意义，因为它将立法者的抽象意志具体化了。有的观点则主张应优先依据行政法院的评估来判断。通常参照的是刑事政策层面的考虑：违法的行政行为可以基于构成要件错误排除可罚性，即行为人认为许可违法。这就开启了保护需求之门。

57

如果行为人违反实体法的行政行为没有侵害环境保护利益，就会对强调行政规范从属性的立场持怀疑态度。这同样适用于抽象危险犯，因为**不服从环保禁令的违法行为，对环境通常不会有一般性的危险，而单纯的不服从不足以证成需罚性**。实体上的违法禁令通常不会威胁到环境利益，也就不会制造符合构成要件的不受容许的危险。② 从《德国刑事诉讼法》第 262 条文义出发，行政法院判决并不具有优先权，因为需要在刑法外说明刑事责任分配的起始问题。③ 这也不会造成明显的处罚漏洞危险，构成要件错误的情况也可成立过失（《德

58

---

① BGHSt 23, 86, 91 ff.; *Fischer* Rn. 7 vor 324; Schönke/Schröder/*Heine/Hecker* Rn. 16a vor § § 324 ff.; Müller-Gugenberger/*Pfohl* § 54 Rn. 130a; SK-StGB/*Schall* Rn. 77 ff. vor 324 ff.

② So. i. E. *Saliger* Rn. 115 ff.; MüKoStGB/*Schmitz* Rn. 86 ff. vor §§ 324 ff.; tendenziell auch *Frisch* Verwaltungsakzessorietät und Tatbestandsverständnis im Umweltstrafrecht, 1993, S. 44 f.; 关于负担行政行为的事后撤销，参见 *Schenke* FS Wolter S. 215, 231 ff.

③ Vgl. *Beulke* Rn. 497.

国刑法》第 16 条第 1 款第 2 句），这在环境刑法中可以忽略不计。这一问题在实践中就更为次要，即便认为具有可罚性，《德国刑事诉讼法》第 153 条、第 153 条 a 也会介入：实体上违法的负担行政行为罪责往往很小。此外，行为人已经因为负担行政行为侵害了自身权利，以此为起点和连接点的刑罚也不符合合比例性。

（三）许可资格与许可义务

1. 许可资格

可比较的问题是未经授予许可即实施的行为，一旦**具备许可资格**仍可能被许可。

根据《德国联邦污染物排放法》规定，A 经授予许可后经营液体分离设备。A 误认为对原有设备做了实质改变而需要许可且具备许可资格，他将设备扩充到另一个冷却储存设备。6 个月后他的许可申请获得批准，在此期间设备仍持续运营。（Beispiel Nach LG Bremen NStZ 1982, 163）

持阻却刑罚效力的观点认为，这些经营项目与环境实体法**一致**，不然最后也不会被许可。人们可能质疑这是在处罚单纯的行政不服从。尽管如此，占据主导地位的观点仍遵循严格路线，认为应只考虑未经许可。① 许可资格相对于违法的负担行政行为是更好的理由。立法者的判断是通过刑法保障行政管理功能，这就不只涉及秩序违反法。即便设备运营具备许可资格，行政机关依然可能拒绝批准许可，

---

① *Kloepfer/Heger* Rn. 103; LK-StGB/*Rönnau* Rn. 290 f. vor § 32; SK-StGB/*Schall* Rn. 78 ff. vor §§ 324 ff.

这是自由裁量权的固有范围：为了尽可能实现环境保护应不批准许可，或只在特殊条件下才批准许可。

2. 许可义务

更为复杂的问题是，在遇到负有**许可义务**事项时行政机关必须批准许可。一种情形是存在有约束力的决定，另一种情形是自由裁量权缩减至零。不管怎样，总是存在批准许可的要求。一如违法负担行政行为，只是对**秩序违反**的质疑总是不断出现。当批准许可充其量只是一种形式，在行为人不去申请许可或在获取许可前实施主行为时，就与实体性的利益侵害无关。这种情形与存在许可资格一样，大多是赞同排除可罚性。从排除构成要件该当性经正当化事由一直到刑罚排除事由，观点多种多样。① 批评者的反驳则仅仅以违反秩序论点强化个案说服力：当行为人污染水域或者以未经规划确认的方式启动设备，可能无法再有效履行义务，从而提高了污染环境的危险。这涉及**体系性影响**。可能的顾虑是如果所有过程符合秩序要求，即便不会直接影响所保护法益，守法的市场参与者通常就要容忍这种不利益。

60

上述讨论不只是事实层面的论证，也包括法律侧重点的区分甚至基本立场的分野。一方面，强调在行政规范从属性意义下，与实体法以及立法者的意志相协调（边码 51）。另一方面是重点回溯至（瑕疵）行政行为的意义。这就导致**难以调和**的折中性和分歧性**意见**。有时观点会向对立立场让步，如要求许可至少要提出申请。有时则强调，如果一刀切可能会加剧《德国刑法》第 324 条及以下条文的困难，因为并非所有的许可流程都一样，如对放射性物质的处置（《德国刑法》第 328 条）。这些考虑造成观点进一步分化：有时根据犯罪

61

---

① 参见 NK-StGB/*Ransiek* § 324 Rn. 29（排除构成要件该当性）；*Rudolphi* NStZ 1984，193，197 f.（正当化事由）；可能也有 MüKoStGB/*Schmitz* Rn. 93 vor §§ 324 ff.；Schönke/Schröder/*Heine*/Hecker Rn. 19，21 f. vor §§ 324 ff.（如果事后确定是本应被许可的，则排除可罚性）。

39

结构类型——一面是具体危险犯和实害犯，另一面是抽象危险犯——处理，有时则根据压制性或预防性禁令（边码 38 以下）处理。人们不禁怀疑，如此这般的教义学还能带来什么进展。这在一定程度于司法实践并无益处，给出一个可以囊括所有解决方案的建议是不可能的。如果有关案件（如果有的话）位于可罚性的最低边界，人们就会以机会主义的态度适用《德国刑事诉讼法》第 153 条、第 153 条 a（边码 19、58 已论及）。

3. 附论：许可证（第 42 条 a）

《德国行政诉讼法》第 42 条 a 中的**拟制许可**越来越具有实践意义。① 这些规定落实《欧盟内部服务市场指令》（über Dienstleistungen im Binnenmarkt 2006/123/EG），就《德国行政诉讼法》第 42 条 a 引用相关专门法而言，超过了原有规定的范围，也包括所有需经申请的许可以及《德国循环经济法》第 54 条第 6 款第 2 句的指引。根据《德国行政诉讼法》第 42 条 a 第 2 款第 1 句批准期限是 3 个月，情况复杂时期限还可能延长一次（第 42 条 a 第 2 款第 1 句）。3 个月期满后视为获得批准，但如第 42 条 a 第 2 款第 2 句规定，不能假定该批准的合法性。申请人可以被视为持有许可证。因此，不管许可是合法还是非法均可排除刑事责任，即使许可无效也是同样。但伴随拟制的出现，对设施有计划的变更已无须额外附加形式合法性。根据《德国联邦污染物排放法》第 20 条第 2 款，结论是停业令或与形式违法行为有关的罚款或刑罚都不能干预，而根据《德国联邦污染物排放法》第 20 条第 2 款的停业令，则不会出现上述情况。② 根据《德国行政诉讼法》第 42 条 a 第 3 款，申请者有权提出书面确认。这种确认不是拟

---

① Dazu aus strafrchlicher Sicht *Eisele* NJW 2014,1417 ff.；erg. *Ernst/Pinkl* Jura 2013,685 ff.
② 与《德国联邦污染物排放法》第 15、16 条相平行的区分问题，参见 BVerwG NVwZ 2011,120,122。

制条件，只有宣告效果，但有助于提高法的明确性和安定性。多数观点认为确权本身并非行政行为，因为错误确认是无效的，更不会产生拟制效果。这符合《德国刑法》第 17 条所规定的不可避免的禁止错误（边码 91 以下）。

五　非正式行政行为

最后是行政机关明知未经许可，容忍且不干预该行为的效力。我们将这种情形称为**非正式行政行为**。① 这也符合当前对灵活的人性化行政行为的理解。这类行政行为不是通过行政行为指引，而是尝试与公民对话，这在实践中并不少见。这类行政行为原则上为行政法理论所肯定，但并无法律约束力。非正式行政行为既不是行政上的自我约束，也不以信赖保护为根据。但这并不意味着这类行为与刑法就必然无关。非正式行政行为分为积极容忍与消极容忍。**消极容忍**是指行政机关明知存在环境违法行为，却什么也不做，即只是单纯的不作为。绝对支配性观点认为，消极容忍不具有刑法意义。② 与消极容忍不同，**积极容忍**能外在地识别行政机关的不作为意思，特别是行政机关对行政相对人来说已明示或默示表明意思了。要是行政相对人完全误解了行政机关，就存在非常困难的界分难题。③ 行政机关应当作出简单明了的说明，但也应注意到还有**（默示）容忍许可**，尽管这不具有正式约束力（《德国行政诉讼法》第 37 条第 2 款），尤其是在未获书面许可的情形。

---

① Näher Beaucamp DÖV 2016, 802 ff.; Maurer § 15 Rn. 14 ff.
② 占据绝对支配地位的观点，BGHSt 37, 21, 28; *Saliger* Rn. 129; a. A. MüKo-StGB/*Schmitz* Rn. 99 vor §§ 324 ff.
③ Müller-Gugenberger/*Pfohl* § 54 Rn. 144.

T有土豆削皮厂的生产许可。根据《德国行政诉讼法》第28条水务局负责许可审批流程。工厂长期运营导致明显的水质污染。法院认为,生产许可流程已表明获得了水法上非正式的(默示)容忍。① **(OLG Hamm zfw 1974,315)**

64   如果不能在此脉络下解释行政机关的行为,则可以从对非正式行政行为的行政处理中得出该行为违法。不过,行政部门基于比例原则未加干涉的情形并未改变容忍即合法,基于经济效益或保障就业机会的考虑,也可接受污染环境。② 占据绝对支配地位的观点认为,即便行政机关的行为极其容忍违法,也不具有直接排除可罚性的法律效力。③ 此时有可能成立禁止错误(边码92)。容忍合法意味着行政机关许可对环境污染的处理,这使得容忍与许可资格重合。否则,这些情形在一定程度上就是许可资格的镜像:行为违反行政实体法,但行政机关的监管地位得以保留。正因如此,无论是违法负担行政行为,还是在许可资格情形下排除可罚性,狭义的行政行为从属性观点都对此表示激烈反对,非正式的行政行为可以自行决定是否许可污染,**以使监管利益得以保证**。这绝不意味着行政规范从属性立场会肯定可罚性。④ 所得出的各种各样的结论既没有绝对化,也无法令人信服:行为可能在实体上违反行政法,但行政机关依然允许环境污染行为。如果侧重后者,可依然视之为符合法律的行为。行政机关对外公示,尽管不会创设公法意义上的信赖构成要件,但在刑法上却有可

---

① Krit. *Wiedemann* ZfW 1974,319 ff.

② Vgl. *Kuhlen* S. 167 = WiVerw 1991,215,271.

③ Vgl. *Saliger* Rn. 130;a. A. Beaucamp DÖV 2016,802,808;tendenziell auch Rogall NJW 1995,922,924.

④ Zutr. *Kubiciel* Die Wissenschaft vom besonderen Teil des Strafrechts,2013,S. 278.

能。行政法不需要信赖构成要件，但公民至少可实际上信赖。当非正式行政行为原则上被许可且实施时，就可能存在矛盾，此时可能肯定可罚性。肯定**积极容忍作为正当化事由，具有合理性**。①

这通常不会（完全）排除可罚性，因为在直到容忍被确证为是"积极的"的时间段内，可罚的犯罪行为一直存在。如果认为积极的容忍就够了，要证明行政机关不干涉的内部意思，在行为人完全不知情时就欠缺主观的正当化要素。对此，可以通过**未遂规则**处罚。② 容忍情形与《德国刑事诉讼法》第 153 条、第 154 条的程序视角很接近：不仅是微罪不罚的情况，在专门行政机构认为没有干涉必要时，以公共利益为由进行刑事追诉也难以成立。部分缺乏诚信的企业这样做，通过误导性信息**获得容忍**的情况在实践中并不少。如何处理容忍的研究尽管不多，但都一致赞同（尤其是《德国刑法》第 330 条第 1 款第 5 项的思维脉络）这些情形下的容忍不具有免除刑罚的效力。容忍作为超法规的刑罚排除事由不违反类推禁止（《德国基本法》第 103 条第 2 款）。就跟（被害人）同意一样，容忍可以毫无疑问地与具体情形连接。

参考文献：*Dölling* JZ 1985, 461；*Kloepfer/Heger* Rn. 76–117；*Eisele* NJW 2014, 1417；*Frenz* NVwZ 2016, 1510；*Kühl* FS Lackner, 1987, S. 815；*Kuhlen* ZStW 105（1993），697；*ders.* WiVerw 1992, 215 ff.；*Odenthal* NStZ 1991, 418；*Paetzold* NStZ 1996, 170；*Rogall* GA 1995, 299；*Rengier* ZStW 101（1989），874；*Rogall* NJW 1995, 922；*Saliger* Rn. 63–137；*Schall* FS

---

① Schönke/Schröder/Heine/Hecker Rn. 20 vor §§ 324 ff.；*Kuhlen* S. 163 ff., 173 ff. = WiVerw 1991, 215, 270 ff., 275 ff.；LK-StGB/*Rönnau* Rn. 294 vor § 32；*Saliger* Rn. 129；a. A. *Kloeppfer/Heger* Rn. 105 ff.

② Dazu allg. *Wessels/Beuke/Satzger* Rn. 406 ff.

Roxin, 2001, 927; *ders.* FS Küper, 2007, 505; *Schenke* FS Wolter, 2013, 215; *Weber* FS Hirsch, 2009, 795; *Winkelbauer* NStZ 1988, 201; *Wüterich* NStZ 1987, 106

深化阅读: *Fenner*, Nicola: Der Rechtsmißbrauch im Umweltstrafrecht im System dem Strafrechts und des Öffentlichen Rechts, 2000; *Frisch*, Wolfgang: Verwaltungsakzessorietät und Tatbestandsverständnis im Umweltstrafrecht, 1983; *Heghmanns*, Michael: Grundzüge einer Dogmatik der Straftatbestände zum Schutz von Verwaltungsrecht oder Verwaltungshandeln, 2000; *Kemme*, Matthias: Das Tatbestandsmerkmal der Verletzung verwaltungsrechtlicher Pflichten in den Umweltstraftatbeständen des StGB, 2007; *Michalke*, Regina: Verwaltungsrecht im Umweltstrafrecht, 2001

第三章　环境犯罪归属的一般问题

一　构成要件行为与结果归属

在环境刑法中，结果归属面临着重重困难。于此存在各种不同原因。[①] 何为归属的参照点即何为结果这一问题本身，就已经存在疑问。因为环境利益概念非常抽象，很难说水域或土地在何时受到了污染。尽管这与狭义的归属问题存在交叉，但两者仍有不同。实践中归属问题表现为，很多人共同利用水资源，往往很难证明某一特定的环境污染是由某一特定人引起的。至于具体物质对环境产生何种影响，在自然科学意义上也难以明确。这首先是证明问题。即便能够证实，也依然存在规范层面的归属问题。一般性问题是，共同作用导致环境污染从而实现了构成要件的行为，行为人是否以及在何种条件下为他人的行为负责。立法者已预见并时常斟酌这些问题，并在《德国刑法》第324条以下的各条文中设置了抽象危险犯。

（一）结果的定义问题

如果讨论转向被规定为结果犯的构成要件，首先是《德国刑法》

[①] Vgl. Rengeling/*Dannecker*/*streinz* § 8 Rn. 24 ff.

第 324 条。环境刑法中结果的定义很困难，因为人们所要处理的是特别少见的情形，即保护**很难把握的普遍法益**（Allgemeinrechtsgut） 免受侵害。更困难的是人们完全不清楚作为人类生存自然条件的环境究竟是什么；在人类环境中根本不存在"纯天然的自然"。[1] 可直接把握的是，对于整体水域而言结果发生即意味着污染。刑法保护的范围与大面积的水域保护关联不大，某一行为使得整条莱茵河被污染实在是难以想象的。如果认为某一小片水域受污染就已充分，需要直面的问题是这片水域的规模究竟要有多大。核心问题是确定因果关系的连接点，是**结果定义**问题还是**结果归属**问题是基本的区分：如果是无法证实因果关系，则成立未遂的可罚性；严格的结果定义会在结构上（因无罪而）不受处罚。累积犯理论的例子将在下文明确（边码第 70 以下）。

68 在此无法顾及构成要件结果的细节问题，留待具体罪名中详细改进。这里只对结果犯的结构做个框架性提示：结果犯不仅包括纯粹实害犯，也涉及混合形式，如《德国刑法》第 324 条 a、第 325 条要求"土地"和"大气"的改变。[2] 与水污染相关议题的具体立法理由，**包含三个核心论述**：第一，水污染只需涉及一**小部分水域**就满足了。第二，**已污染的水域**可能会再次遭受污染。第三，"即便他人也向水域倾倒物质，行为人的行为造成环境污染"也可能是充分的。即便如此，仍然有很多开放性问题。首先是相关的部分水域究竟要多大。立法者的意思是该问题有待于个案中明确。水域面积、水深、水流量、水流速以及污染物质的数量和危险性等均可作为决定标准。上述标准的具体化难题，给司法实践带来了巨大挑战。[3] 司法实务迄今在这方

---

[1] Instrucktiv *Stratenwerth* ZStW 106(1993),679,683; s. auch *Roxin/Arzt/Tiedemann* S. 70.
[2] BT-Drucks. 8/2382 S. 14.
[3] Vgl. etwa BHG NStZ 1991, 281; OLG karlsruhe JR 1989, 339 m. Anm. *Triffterer*; OLG Frankfurt NJW 1987, 253; OLG Köln NJW 1988, 2119.

面的表现是令人遗憾的。

此外，立法者认为构成要件不包含那些缺乏实质性的环境污染。这一立场通常被解读成法律中的**显著性门槛**。但这导致已有问题的复杂化：在如何把握部分水域的规模大小方面，结论可能会被**理论随意操控**。一极是以整个莱茵河为例，另一极显然是某人将色拉油倒在北海海岸一平方米的水面。二者均非立法者原意：部分水域应足够明确，可借助显著性标准判断以避免部分被理解得过小。在某种程度上，司法实践并未在具体化方面有所贡献，尤其是并未从中开发出能够排除可罚性的具体轻微案件。可能是因为，在这些情形下适用《德国刑事诉讼法》第 153 条、第 153 条 a 就能解决问题。[①] 笼统说明环境污染微量或程度轻微还不够清楚明了。因为这只是正面描述，而立法者在立法理由中已从反面明确了。《德国刑法》第 324 条中对轻微性的认定困难表明，**立法者**在必要的**不法类型化**（边码 37）**方面并不成功**。

（二）累积犯理论

接下来的问题是上文已经指出的：显著性门槛通常是由不同行为人彼此独立排放有害物质的行为才到达的。这些情形包括协同性效应、累积性效应与聚合性效应。在判断不同行为人贡献的责任归属时，就存在各行为是相互的还是独立的疑问。为全面把握这些讨论，应考虑到这些效应对环境污染而言非常典型，因而这些行为具有应罚性。[②] 基于上述原因，有时会对《德国刑法》第 324 条第 1 款做完全不同的**累积犯**之解释。某行为被置于刑罚之下，"是因为如果不考虑制裁禁止这类行为，这类行为就会大量实施并影响所保护水域的功

[①] *Franzheim/Pfohl* Rn. 56.

[②] Vgl. *Frisch* Verwaltungsakzessorietät und Tatbestandsverständnis im Umweltstrafrecht, 1983, S. 139 ff.

能"。① 该主张的结论引人注目——**根本无需面对**困难的**归属问题**。

71　尽管存在支持累积犯的理由，累积犯理论仍为主流学说所拒绝：② 这导致第三人的责任归属缺乏充分根据，且有悖于责任原则。同时，累积犯也会破坏显著性门槛原则。姑且不论结论是否合理，这些批评与累积犯理论还存在不一致的地方。通说将《德国刑法》第 324 条纳入传统犯罪类型的**基本预设**是毫无道理的。迄今为止的这些批评大多只具有过渡性，且通说只是简单地将《德国刑法》第 324 条视为结果犯。结果犯表面上也接近立法用语的内涵。问题是应怎样认定所指向法益侵害的"恶化"。温度的高低与 PH 值的大小，对水域自身而言，无所谓好与坏。我们只是将水资源视为动植物的生存条件。③ 即便如此，也收益不大（见边码 67 的论述）。对于《德国刑法》第 324 条的解释，通说根本不要求对动物或植物有具体危险，即便有充其量也只是**适格犯**。④ 所以，泛泛参考立法者意思将《德国刑法》第 324 条设想成结果犯，帮助不是很大。

72　这些**观点分歧并非偶然**。需要澄清的是导致结果犯与危险犯区分模糊不清的原因：结果犯在例外情形下也可能是抽象危险犯。⑤ 如《德国刑法》第 306 条 a 在形式上包含的结果要素，并非所保护的犯罪客体；该条中的犯罪客体是人类的生命与健康，因而本罪属于抽象危险犯。这与《德国刑法》第 324 条高度类似。但是，如果可以以此方式确定显著性门槛（相应阈值），即把作为人类生存条件之水资源

---

① *Kuhlen* ZStW 105(1993), 697, 716; grundlegend ders. GA 1986, 389, 396 ff.
② Vgl. *Saliger* Rn. 245.
③ S. auch Stratenwerth ZStW 106(1993), 679, 693.
④ *Rogall* FS Universität Köln, S. 505, 519 f.; MüKoStGB/*Schmitz* Rn. 28 vor §§ 324 ff.
⑤ *Rönnau* JuS 2010, 961, 962; Stratenwerth/*Kuhlen* § 8 Rn. 14.

的抽象危险理解成构成要件结果，则该条就是抽象危险犯的规定。立法机关未能成功做到的，实际上是累积犯学说的起点，累积犯在这方面甚至完全符合立法者的原意——立法者计划以扩大水资源的保护作为立法根据。在某种程度上，更为重要的问题是对轻微案件的处理。在处理这些案件时应坚持显著性门槛原则，也即只是那些具有现实累积效应的行为才具有可罚性。至于违反责任原则的主张则值得怀疑，只要认识到累积犯的思想基础，即它并不取决于对第三人责任的归属，它的应罚性建立在这些行为会现实地产生累积效应。如果考虑其他情形，比如贿赂犯罪的合法性，也值得怀疑。但是，早在讨论环境犯罪之前，累积性思想在贿赂犯罪领域已取得卓有成效的成果。[①]

（三）因果关系

无论是否将《德国刑法》第324条视为抽象危险犯，本罪在形式上都包含结果要素。混合形式的构成要件（《德国刑法》第324条a、第325条），亦然。这些犯罪在一定程度上也适用**一般性的因果法则**。

根据**条件理论，因果关系**是指无法想象若行为不存在，构成要件结果会以其具体形式出现。

需要追问的是，如果未实施倾倒有害物质等行为，环境媒介是否就不会出现消极变化。否则，只能处以未遂。

1. 实践中的证明问题与一般因果关系

实践中，环境刑法因果关系问题往往存在着显著的（证明）困难。其中的原因很多。首先是人们自始就对土地和水质检测存在怀

---

① Vgl. Loos FS Welzel, 1974, S. 879 ff.

疑。因为行为人往往不会在临近行动前做对比性检测。同时，将行为结果归属给特定人存在异常困难，比如地下水遭遇硝酸盐污染，而周边存在诸多农场。而且，污水排放对于鱼死亡的影响并不是很清楚。对皮革喷雾剂案和山羊毛案等问题的讨论，具有重要意义。① 尽管这些案件涉及人身伤害犯罪，但司法实务采用的标准是可以转换到环境犯罪中的。这两个案件中，**自然意义上的因果流程都无法被精确解释**。德国联邦法院认为，无此必要。

确认需要负责的要素、化学成分知识以及毒性作用方式，在本案均无关紧要。如果这种确认在法律上无误，可以认为——即便没有详细说明——产品内在特性引起了损害，因果关系的证明就不再必要了，确定的是最终可以通过自然科学分析和知识为这些特性引起损害提供根据……当然，无法以这种方式说明因果性时，引起损害的出现可以通过法律上无误的证据判断方式排除。（**BGHSt 37, 106**）

75　　识别一种**一般性因果关系**是捷径：因果关系的确定只有"是否"，没有"如何"。在木材防腐剂案判决中，德国联邦最高法院明确肯定符合一般的因果关系。

　　BGHSt 41, 206："即便依据自然科学无法解释有毒物质是否以及如何导致被害人健康遭受损害，但法官根据所有具有重要意义的证据和科学理论，可在法律层面得出令人信服的正确结论，即木材防腐剂中有毒物质在这种情形下对健康造成了损害。木料防腐剂有毒物质与疾病之间的因果关联可通过以下方式得以验证，即木料有毒物质对人

---

① BGHSt 37, 106; 41, 206; vgl. auch Kudlich/Oğlakcıoğlu, Rn. 133 ff.; Saliger Rn. 231 ff.

体器官的影响在自然科学意义上得到证实,或者,引起疾病的所有其他可能被一一列举并逐一排除。其他原因的排除(无需全面研究)也可依照自然科学知识或者参照其他方面作整体判断,但至少是由木料防腐剂共同引起的,则是毫无疑问的。"

司法实践尤其是在要求排除所有其他出现原因方面,遭到很多批评。[①] 严格来说永远无法提供这样的证明,因为总能想到其他原因。所以,一般性因果在现实中只是**可能的因果性**。这一批评具有合理内核,但过于夸大其词了。正确的看法是,"是否"和"如何"并非能完全区隔开来,对"如何"的怀疑最终总会指向"是否"。因此,要求德国联邦最高法院排除所有替代原因是不可能的。最高法院的努力表明,错综复杂的自然科学关联中的因果证明,并不存在难以逾越的障碍。当然,也很难再去质疑,一些案件中的因果关系不值得怀疑。法院肯定因果关系,也属于自由心证的范围(《德国刑事诉讼法》第261条),不违反存疑有利于被告人原则。人类认知能力的局限,决定因果性判断终归具有规范性。但不允许具体个案以可能的因果性为内容。司法实践通过排除法认定(其前提特别是事实判断——包括判决——认真把握替代性原因),则是可以接受的。实践中真实的疑难案例就是所谓的多特蒙德港 PCB 丑闻(边码13):尽管有很多员工因 PCB 中毒,但地方法院认为从自然科学角度无法完全确认这一医学诊断。最近的实务也暴露出类似问题,德国在经济腾飞阶段越来越多使用对环境有害的材料(如密封镶木地板的清漆):如果房屋住户生病,责任归属就非常困难。因为,完全可以想象其他医疗诊断结论,这一疾病是由其他原因引起的。

---

① Vgl. *Samson* StV 1991,183,184;*Volk* NStZ 1996,105,108 ff.

2. 择一与累积因果关系

77 此外，还有一般性因果归责的适用问题。最具意义的是已经提及的协同效应与累加效应的因果关联。一般认为两者是可以（而且应当）归责的，但必须精确审查这是否与累积性效应有关。如果适用修正条件理论中的**择一因果关系**，通说则否定累积因果关系。

诸多结果原因条件中，成立选择性但不成立累积性条件的可能情形是，若无该条件，结果就不会以其具体形态出现。

例子：A 和 B 各自独立往水中排放有害物质，导致鱼死亡。可以确定任何一方的排污行为，都会造成这一后果。

需要指出，只有依据修正条件理论才能证明因果关系的成立。[①] 问题是这是否具有决定性。因为，即便认为《德国刑法》第 324 条是结果犯，本罪的结果也不是鱼死亡，而是前置的水污染。A 和 B 任何一人都可以引起该结果，确切地说根据条件因果公式结果已然被引起了。故有疑问的是，选择性因果关系在环境刑法中的作用是否值得关注。

78 **累积性因果关系**更是扩大了问题，即反观每个具体行为，都未能达到显著性门槛。根据一般因果性归责任何贡献都可被视为原因，这是条件因果公式也能得出的结论。通说认为，环境刑法中这些所有累加性贡献之于结果都具有因果关系。[②] 批评者则不满于累积性因果关系的思维与环境刑法的不协调。[③] 这跟普通的教学案例表面看来非常相像，如两人一起投毒加在一起达到剂量。但关键性的区别是：与投

[①] *Saliger* Rn. 234.
[②] *Kloepfer/Heger* Rn. 189; *Kuhlen* S. 33 = WiVerw 1991, 181, 196; *Saliger* Rn. 235 ff.
[③] Vgl. insbesondere *Samson* ZStW 99 (1987), 618, 628 ff.; zust. MüKoStGB/*Schmitz* Rn. 36 vor §§ 324 ff.

毒案不同，不是两个排污行为产生了一个结果，而是产生了多个部分"结果"，只不过每个看起来是微量的。投毒案件中的**协同效应**与**累加（积）效应**不同，只有前者可以肯定因果关系。累加达到显著的总体结果要通过"算数判断"，但是不能引起求和计算。

例如：A和B都往水中排放有害物质。A的排污行为增加离子数约600，导致PH值由6升高至6.5。B的排污行为继续增加的水离子数约650，PH值升高至7.1（PH的设定值是7.0）。

可以认为，是A和B的行为导致水质明显偏离设定值的。这不仅是求和计算，水离子数量多了110的情势是外部环境发生变化的事实，这是由A和B引起的。从条件关系可以很容易得出因果关系成立的结论，更不用说事情尚未尘埃落定了。

3. 董事会决议

（1）因果关系问题

投票赞同董事会决议行为的刑事责任，也存在因果关系问题。典型案例是决议（污染环境的）产品是投放市场还是召回。困难明显源自所要求的多数决以及投票行为。[①] 以下两种情形毫无疑问：**一致**通过决议时任何一张投票都是污染环境的原因。这种累积性因果关系的基本情形可以通过条件因果公式解决。这同样适用于**赞同票刚达到可以通过的多数**。有疑问的是处于中间状态的情形：对于刑法上具有重要意义的行为而言，尽管存在所要求的多数投票，但条件公式并不成立。

[①] Zum Ganzen vgl. *Kudlich/Oğlakcıoğlu*, Rn. 136 ff.; *Achenbach/Ransiek/Kuhlen*, 1. Kap. Rn. 56 ff.; *Berndt/Theile* Rn. 25 ff.; *Wittig* § 6 Rn. 46 ff.

例如：A、B、C、D和E作出将废水排放到附近的小溪的董事会决议。决议通过要求简单多数，最终决议因A、B、C和D的投票通过。

在这里可以分离性地单独思考每一个投票行为，如果缺了该行为决议就不会以此方式通过。换句话说：似乎A、B、C和D可以通过点明他人的行为相互纾解压力。

80　　这一结论显然无法令人满意。只有先澄清问题的实践意义，才能从多个维度展开：如果董事会成员同意污染环境则成立未遂，不论何时以及为什么董事会成员会认同自身投票的因果性。过失的环境污染，在实践中应起到更大作用。这使得因果关系问题具有决定意义。但借助传统因果关系理论就无法继续向前推理了。并非所有的投票对决议都必要，因而也就不存在累积性因果关系。这些也根本不涉及累积性因果关系的问题：这需要设定任何行为自身均可引起结果。通说可能肯定因果关系：有时认为是选择性因果关系，有时主张累积性因果关系，抑或两者的结合。① 这些进路在教义学上并非没有疑问，如何证立董事会成员的刑事责任是持续遭遇的问题。对此，存在两种观点。或者是找到一种途径对剩余投票进行归属以克服因果关系问题，或者是完全摆脱投票行为。

（2）替代性解决方案

81　　皮革喷雾剂案的案情以董事会决议——确切地说是以董事会的一致决议——为基础。

1981年3月12日的特别董事会所有常务董事都参会，参会者一

---

① 支持选择性因果关系的观点，*Kühl* § 4 Rn. 20b；支持累积性因果关系的观点见，*Roxin* AT I § 11 Rn. 19；结合性的观点，参见 *Kudlich/Oğlakcıoğlu*, Rn. 140 f.；*Graf/Jäger/Wittig/Merz* Rn. 19 vor §§ 13 – 14。

致决议拒绝全面召回产品。董事会通过的决议并不违反共同损害避免义务，但可以是参与者成立共犯的根据。（**Aus BGHSt 37,106**）

当董事会成员事先投票通过时，**共犯联络**的认定不存在困难。① 但德国联邦最高法院走得更远。当投票行为被视为共同决意时，共同犯罪计划的要求就大大降低，甚至被完全放弃。这既难以想象，也完全不合理；当董事会成员**投反对票**时，即不能再称之为共同决议。② 同时，这种解决方案也过快地逾越了只有在故意犯罪的情况下才有可能成立共犯的限制；在过失犯罪中适用的是单一正犯概念。在**集体投票**下无法证实因果关系和共犯。这些情形中，反对决议的董事会成员只能**执行该决议**或者在该决议下不去实施（《德国刑法》13 条规定的）犯罪行为，他们已无从影响拒绝召回存在环境危险产品的决议。③

4. 归责的规范性问题

现代客观归责理论的基本公式是，行为人制造法律（确切地说是构成要件）**不容许的危险**且该危险现实化为结果。④ 尽管这一范畴普遍有效，但在环境刑法中却很少成为论题。如果某一行为的实施被理解成不受容许危险的创设，那么原则上就应该避免这种被法秩序评价为内含危险的行为，行政从属性诸问题于此就具有教义学意义。比如，如果是须经批准而未给许可的行为，主要问题是实质的环境利益是否未受不利影响。因此，辩称未在构成要件层面制造不受容许的风险，可以排除可罚性。这意味着在客观构成要件层面解决问题。在累积效应中，结果

---

① A. A. wohl Matt/Renzikowiski/Haas §25 Rn. 66；Maurach/Gössel/Zipf/Renzikowski AT 2 §49 Rn. 75.
② Schönke/Schröder/Heine/Weißer §25 Rn. 81.
③ *Franzheim/Pfohl* Rn. 523；vert. Mansdörfer FS Frisch, 2013, S. 315 ff.
④ Näher *Frisch* JuS 2011, 116 ff.

归属充满争议。在此仅仅提及的是,在什么情况下人们可以否定因果关系,如作为累积犯的环境刑法不问归属问题。共犯的责任归属则没有疑问,依据《德国刑法》第 25 条第 2 款可以相互归属。

83　　依据起初受到坚定支持的观点,上述问题都不重要,因为**是将整体性结果归责于任一被调查者**。① 让人吃惊的是,对累积犯理论的批评让人想起这种观点(边码71)。最终的结论是,这种观点与责任理论不符。显然,与拿累积效应的现实可能性作为处罚理由相比,整体性结果归属的问题更多,拒绝整体结果归属的——即便另有原因——理由也越来越多。取而代之的是许多**不同观点**,如所谓的**优先性原则**:在持续相互作用中初始行为不具有可罚性,但后续行为具有可罚性。② 较形象的说法就是,因后者的脚越过了显著性门槛而具有可罚性。从教义学考察应首先认识到,这不是狭义上的结果归属问题。应该强调的是,微量排污原则上属于**被容许的风险**。就此而言结果不法辐射在行为不法上。有的观点也援引**自我负责原则**和**信赖原则**,即行为人原则上只为自己的行为负责。

84　　初始行为并未在构成要件层面制造不受容许的危险。因此,这一行为属于**受保障的行为自由**的一部分。在一定程度上,即便有人只是将第一种情形解读为累积效应,水资源被初始行为污染还是被后续行为污染没有区别。依照一般意义上的行为自由提出疑问时,通说是否就会陷入进退维谷的境地。如果将排放微量危险物质视为被允许的风险,为什么不适用于后续行为?即便有人说受容许的危险不存在,因为被容许程度取决于前提条件——这有一定合理性但并非不证自明——这需要更精确地审查行为的主观面(边码88)。

---

① *Fischer* § 324 Rn. 5b;LK-StGB/*Steindorf* § 324 Rn. 31;tendenziell auch NK-StGB/*Ransiek* § 324 Rn. 19.

② *Bloy* JuS 1997,577,583 f.;*Saliger* Umweltstrafrecht Rn. 246;SK-StGB/*Schall* Rn. 39 vor § § 324 ff.

二 正当化事由

污染环境犯罪的正当化事由可以从不同角度考察。首先是已讨论过的行政行为许可，包括非正式行政行为，只要这些行为被认为是合理的。此外，**正当化的紧急避险**（《德国刑法》第34条）也具有重要意义。需要注意的是，不应绕开**法律规定或者法定程序**而直接回溯至第34条。① 环境刑法对作为正当化事由的紧急避险规定有严格的限制条件。这是因为，一方面，这些前提通常在环境行政法中已有规定而且是高密度的。习惯法上的例外就很难再去证立，比如上文中假定的优先通行特权。② 另一方面，当企业在经济上状态紧急时，这些法定流程安排已经规定在《消费者权益保护法》《破产程序法》或者《德国社会法》的第二、三编中。因而，不实施污染行为就会造成**就业岗位减少**的环境污染辩护，并不成立。③ 不过，司法机关在特殊情形下会做出不同判决。

一方面，应该考虑到在禁止排放时就已经制定了污水净化方案，可以预见到水污染的结束。另一方面，也应考虑到污水排放不会对 E 造成非常严重负担，他们不会顾虑在一定时期内工厂关停的风险……与防止只是在可预见时间内和不太严重的水污染之利益相比，一个拥有 90 名左右工人的工厂的长期运转更重要，特别要考虑到在行政部

---

① Vgl. dazu Graf/Jäger/Wittig/*Dannecker* § 34 Rn. 25；Kühl § 8 Rn. 175 ff.；SK-StGB/*Schall* § 324 Rn. 71 f.；*Tiedemann* Rn. 371.

② LG Hamburg NuR 2003，776；*Saliger* Rn. 359；SK-StGB/*Schall* § 324 Rn. 76；先前有关判决，BGH NStZ 1991，281；OLG Köln NStZ 1986，225；*Kuhlen* StV 1986，544 ff.

③ Vgl. BGH JR 1997，253，254 m. Anm. Sack.

门作出否定的决定前，禁止排放流程一直处于悬而未决的状态。（**Aus OLG Stuttgart ZfW 1977,118**）

86　　预定流程的对立面就是，在所谓**紧急状态（如灾难）**下可以完全适用《德国刑法》第 34 条。例如，火灾时的灭火用水或污水处理厂出现故障时的废水，或者是飞机紧急迫降时必须排放的油污染等所造成的水污染和土地污染，尽管原本能够避免更大的损失。司法实践也要处理**义务冲突问题**。

　　从所有权人"接手"过来的污水排放，不足以证立刑事责任。不会出现将《德国刑法》第 324 条第 1 款可罚的水污染作为谴责对象。某种程度上小镇不存在适法行为的选择……因缺乏适当设施无法事先净化进入下水道系统的废水，小镇不违反污水处理义务不具有可能性。（**Aus BGHSt 38,325**）

　　水务局负责人 A 指导内河船不断秘密地将舱底水排入威悉河。在寻求永久性解决方案时，A 暂时委托一家公司经营一艘去污船，不过该船仍有污染（尽管减少了）。法院认为 A 不构成犯罪："至于被告被指控……对水污染负责，法庭观点认为被告成立《德国刑法》第 34 条意义下的正当化紧急状态。被告人在当时情境下只有这一选择，或者是让内河船彻底将完全没有净化的船底油污水排入威悉河中从而造成更大水污染，或者是在财力和技术范围内，尽可能有效地制造最小限度的污染。"（**LG Bremen NStZ 1982,164**）

　　该判决遭遇一些批评。[①] 事实上，是否考虑优化环境的替代方案值得怀疑。同时，也不清楚是否有资格投资去污船。在《德国水资源

[①]　*Möhrenschlager* NStZ 1982,165 f.; *Saliger* Rn. 260.

法》已经规定了程序时，在实体法层面回溯至《德国刑法》第 34 条，这也不无疑问。

三　故意与错误

（一）故意与构成要件错误

从《德国刑法》第 16 条的逆命题不难推出，成立故意要求行为人认识到所有的构成要件事实。与因果关系类似，这是对故意的**一般要求**，即不需要行为人知晓相关事物的精确性关联或影响。行为人只需大体上知道垃圾具有《德国刑法》第 326 条第 1 款第 1 至 4 项所规定的危险性。[1] 特例是所谓的**类型错误**，行为人误认为实施了某一构成要件类型，而他的行为符合该构成要件的另一个类型。

例如：T 掩埋他认为会自燃的垃圾（《德国刑法》第 326 条第 1 款第 3 项）。这些垃圾尽管实际上不会自燃，但可能导致人体患癌（《德国刑法》第 326 条第 1 款第 2 项）。

通说依据保护方向区分：当行为人认为有毒物质仅致癌时……无关紧要，但在行为人认为有毒物质对水域有害时……则值得注意。另一种观点认为，《德国刑法》第 326 条第 1 款中的类型错误无关紧要，因为所涉都是危险性这一整体要素。[2]

在所有包含结果要素的犯罪中，故意必须涵盖**结果的发生**。在累积效应情形下问题尤为凸出：构成要件该当性判断中，后手行为故意的成立以行为人认识到水源恶化为前提。这点是不言而喻的。严格来

---

[1] MüKoStGB/*Alt* § 326 Rn. 103；Schönke/Schröder/*Heine/Hecker* § 326 Rn. 14.

[2] So Matejko ZIS 2006, 205, 211; Zur h. M. vgl. MüKoStGB/*Alt* § 326 Rn. 103；Schönke/Schröder/*Heine/Hecker* § 326 Rn. 14. eing. *Schittenhelm* GA 1983, 310, 313 ff.; allg. *Kühl* § 13 Rn. 16a.

说，这一问题来自一个不常见的观点：① 行为人必须认识到所有**构成要件层面受谴责风险的情形**。② 如果后手不知道前手行为，则难以成立故意犯的可罚性。也应考虑到累积效应的反面即微量排放，比如预存水"翻车"。如果认真对待这些前提，实践中以故意犯处罚累积情形的空间就很小。

89 　　错误领域也存在**行政从属性**问题。常有的争议是，故意需要在何种程度上涵盖许可要求或者行政法上的义务违反。立法者在构成要件中规定行政违法行为，这在所有犯罪中都不存在认定困难，比如未经许可的行为、违反行政禁令的行为或者违反行政法义务的行为。③

　　例如：（1）企业主 A 忘了许可已到期。（2）A 收到禁止令通知但忘记查阅。（3）A 一开始误以为根本没义务去获得项目许可。（4）A 一开始误以为批准的营业许可也会污染环境。（5）A 认为开设私人垃圾场不属于从事经营活动。

　　事实错误的前提是，企业主没有认识到那些使他的行为具有可罚性的事实情况（案例 1 与案例 2）。而法律错误有时（只是）被视为禁止错误。因为公民误解行政机关决定时可能影响不法，当公民出现误认许可要求的法律错误时，适用《德国刑法》第 16 条（案例 3 和案例 4）。④ 案例 5 涉及经营要素的认识错误，尽管是无关紧要的涵摄错误，但因此产生对许可义务的错误也可以排除故意。⑤

---

① Vgl. aber Stratenwerth ZStW 106(1993),679,684.
② Satzger/Schluckebier/Widmaier/*Kudlich* Rn. 61 vor §§ 13 ff.;*Roxin* AT Ⅰ §12 Rn. 61.
③ 案例实践来源，Vgl. LG Müchen Ⅱ NuR 1986,259(案例 1);OLG Braunschweig NStZ-RR 1998,175(案例 3 和案例 5)。
④ BGHSt 59,45,53f.;SK-StGB/*Schall* §327 Rn. 74;a. A. Sack §327 Rn. 178.
⑤ OLG Braunschweig NStZ-RR 1998,175,177;*Kuhlen* WiVerw 1991,181,225;anders LK-StGB/Steindorf §327 Rn. 28.

《德国刑法》第 324 条、第 326 条中许可申请错误的效力，取决于对许可的定位。不过，实践中结论没有差别。通说认为，违法阻却事由前提性事实认识错误同样排除故意，但可能成立过失。① "违反行政法上的义务"要素是构成要件要素，由故意所涵盖。② 如果误认为行为符合行政法，则排除故意。这自然要求对有关行政法没有特别认知。实践中，这些错误很少出现：行为人对往土地排放污染物或类似行为违反了行政法通常是有认识的。

（二）禁止错误

在环境刑法中，常常出现错综复杂的监管情形，故禁止错误起着重要作用。即便核心问题是可避免性，但无法忽略行为人何时**欠缺不法意识**。无论是行为人认为他的行为不符合构成要件，还是产生法律错误误以为他的行为具有正当化事由，禁止错误均以行为人认为自身的行为被允许为前提。满足这一条件后要看错误是否具有**可避免性**。司法实践实行的是严格的、对行为人不利的限制。"尽管结合案件情形、行为人的性格及其生活、工作圈子可知，行为人存在认知上的压力，但仍然无法预料到他的行为的不法性"，故错误具有不可避免性。③ 禁止错误往往主要出现在不适用《德国刑法》第 16 条的错误，譬如对于特别复杂的垃圾概念会出现涵摄错误。

该判决中的被告是待售车辆的保管人和所有人，而且他多年来都靠开出租挣钱。达成车辆出售协议后，过了很长一段时间。在此期

---

① Dazu Allgemein *Wessels/Beulke/Satzger* Rn. 697 ff.
② Lackner/Kühl/*Heger* §324a Rn. 8；NK-StGB/*Ransiek* §324a Rn. 24；SK-StGB/*Schall* §324a Rn. 59.
③ BGHSt 21,18,20.

间……如果当时旧车符合刑法的垃圾定义，被告原本可以而且应该了解《报废车辆条例》的规定……只要上网看一眼，被告人就会对车辆出售的合法性产生疑问。"（**Aus OLG Celle ZUR 2016,314**）

判决采用了严格标准。当看到地方法院令人耳目一新的坦率理由时，这条界限的严格程度就更明确了：禁止错误之所以不具有避免可能性，是因为整个合议庭认为该行为具有可罚性。

92　　当行政作为或不作为无法在排除构成要件或者具备正当化效力时，禁止错误通常也会起重要作用。比如，（积极）**容忍**。对公民而言，这或者缺乏明文规定，或者只能被偶然发现。行政法所创设的即便不是行政法意义上的信赖要件，至少也是刑法意义上的信赖要件。即便认为这不具有正当化效力，至少在《德国刑法》第17条的层面上也具有意义。① 这也适用于对**违法性的容忍**。

A在十多年来一直将包括粪便和肥皂水在内的生活废水排放到自家粪坑。《德国水资源法》对此没有规定许可，也根本不会有相应的许可条件。环保行政部门从未干涉并要求A每年缴纳水资源税。A可以主张他具有不可避免的禁止错误："对被告人而言，根本不存在产生疑问的情形。他知道邻里大多也径直将粪便排入水中，专业机构知晓这种情况，对此只是以征税方式作出反应。在这些情形下，公民对刑法应有最低限度的信赖。"（**AG Lübeck StV 1989,348**）

93　　环境行政法错综复杂，不可避免的错误通常只产生于公民**事先获取了法律建议**的情形。参与的律师多数是被视为法律知识来源的家庭

---

① Vgl. BayObLG NuR 2000,407m. Bespr. *Schall* NStZ-RR 2001,1,5 f.

律师。实践中，这种**预防性专业意见**起了重要作用。① 即使被咨询者认为行为是被允许的，也不能直接得出不可避免性的结论。特别是公民应充分告知专业人员相关情况信息，并至少审视合法评估的合理性。如果专业人员处理的是**国家层面的信息源**，司法实践基本上很大度：对**非独立**机构而言，当这种非独立性不能被明显识别时，信赖自身是值得保护的。

与地方法院观点相反，被告人不需要向其他机构获取法律意见。除非被咨询机构答复咨询者明显不具有独立性……合议庭也无需判断，地方咨询机构是否认为自己能够胜任：当公民向不明显缺乏独立性的机构咨询他的行为是否被容许时，咨询机构应当明确指出咨询机构本身是否有足够能力对该行为作出判断。（**Aus BGH NStZ 2000,364**）

四　过失

环境刑法的另一特殊之处是几乎**所有的过失行为都是可罚的**。作为例外，只有《德国刑法》第328条第2款第4项未规定对过失行为的处罚（第328条第6款）。立法者的立场是过失污染环境的行为原则上是可罚的。即便行为人没有意识到他污染了环境媒介，或者他存在《德国刑法》第16条所规定的环境行政法的认识错误，也同样具有可罚性。环境行政法可以设置相应的注意义务；同时，**技术性条款**也起着重要作用。技术条款包括通行的技术性规定（如《德国水资源法》第60条第1款）、比较严格的技术状态（如《德国联邦污染物排放法》第3条第6款第1项）和设置最严格的高科技技术（如《德国

---

① Dazu *Kirch-Heim/Samson* wistra 2008,81 ff.

原子能法》（Atomgesetz）第 6 条第 2 款第 2 项、第 7 款第 2 句第 3 项、第 9 款第 2 句第 3 项）。

95　　在缺乏具体规定时，实务会（一如既往地）转向标准一般人图像。通行的观念源自**环保右翼联盟**，① 他们往往采用非常**严格的标准**。因此，市场主体应履行**查询义务**以了解相关法律法规的最新动态。如果公民了解法律情况，就会发现司法实践适用的是与禁止错误可避免性类似的原则。有时这已走得很远。

A 是以处置一种含汞的拌种剂（Falisan）闻名的 T 公司总经理。T 公司与 O 公司达成协议，但 O 公司并未处置，而是存放在位于波兰的第三方那里。A 事先已知晓情况，相应的法律咨询意见也说相应处置是被允许的。但地方法院并没有考虑德国联邦法院的意见，"不能否认公司 O 成立过失，因为作为'德国垃圾管理公司协会'的成员，公司 O 是由化学专业人士推荐的，没有证据表明 O 不会遵循规定来处置垃圾。"（**BGHSt 40, 84**）

上述公司协会会员资格只有在情况不明时才具有重要意义，它仅限于垃圾处理公司，（不包括纯粹的垃圾运输公司）且取决于某些可靠性标准的实现。对于专家推荐而言，根据目前的调查结果无法将其排除，因专家与这家公司的密切关系，导致该公司的中立性遭遇质疑。

即便适用公法基本原则，垃圾所有者应一直对环境损害处置或回收负责（参见《德国循环经济法》第 22 条），也不一定伴随有相应的过失犯罪。② 根据欧盟法院新近的司法实践，接收者在获取许可或

---

① Vgl. zuletzt OLG Celle NuR 2011, 531, 532; s. auch *Franzheim/Pfohl* Umweltstrafrecht Rn. 304. 关于标准人形象的一般问题，MüKoStGB/*Duttge* § 15 Rn. 117 f。

② Krit. Insofern *Heine* FS Trifftterer, S. 401, 411 f.; *Kloepfer/Vierhaus* Rn. 24; SK-StGB/*Schall* § 326 Rn. 163; erg. *Michalke* StV 1995, 137, 138; a. A. *Versteyl* NJW 1995, 1070 f.; s. auch *Schwartmann/Pabst* Rn. 506.

被豁免许可义务时可以免除责任;通过限缩解释《德国循环经济法》第22条排除可罚性,在一定程度上符合欧盟法。① 这些司法实践对过失犯标准的影响,尚待观察。

过失犯的成立,涉及具体构成要件的**规范保护目的关联**。如果改编边码28中的案例可以清楚说明,日常交通事故中遭受污染的不是土地而是水源。在此,不需要违反行政法上的义务,这些问题回溯到过失犯教义学的一般性问题。立法者认为也可能包括**日常生活中的交通违法**。诸多限缩《德国刑法》第330条第1款第4项解释的观点认为,即便对于《德国刑法》第314条a而言可以以缺乏法益连接来免除处罚,但仍可能符合《德国刑法》第314条。② 不过,这种观点并非没有争议。

A不顾视线障碍超过一辆面包车,从而与行驶在面包车前的汽车相撞。A被迫离开道路而开到了被汽油污染的沟里。地方法院认为,行为人违反《德国道路交通法》第5条第3款第1项以及第9条第1款第2句、第5款,不成立可罚的过失:"只是违反日常的交通规范并不充分,注意义务的违反应具体化到与水资源相关而不只是反射性保护……超速或闯红灯毫无疑问对于其他交通参与者存在过失,但不违反环境法。与环境刑法中通常适用的注意义务标准比较,可说明对规范保护目的的这些限制。在此,缺乏具有决定性的特殊规范来规定何种注意义务在'具有环境意识的法律共同体'中具有优先性。在日

---

① Vgl. EuGH URP 2014,61;zu den strafrechtlichen konsequenzen *Frenz* NVwZ 2016,1510,1514.

② *Fischer* § 324 Rn. 10;NK-StGB/*Ransiek* § 324 Rn. 47;*Saliger* Rn. 253;Für einen Schiffsunfall OLG Hamburg NStZ 1983,170.

常生活中，如果假定人们是因为环保意识强而规范驾驶，则未免太奇怪"。（OLG Oldenburg NStZ-RR 2016，14）

结论是令人信服的。① 有疑问的是，不清楚规范保护目的是否是决定性标准。也即，规范究竟被视为阻止特定结果的发生，抑或只是背景性原因。教学案例中，违反限速规定导致人身伤害交通事故的司机，也违反了噪音保护。② 地方法院在判决引导语中称，问题的关键是道路交通中环境污染属于非典型性后果。最后，环境刑法中还存在过失可罚性与轻微案件可罚性的合理边界问题。如果行为人容忍水资源污染，毫无疑问是符合《德国刑法》第324条第1款的。但这种情况在《德国刑法》第324条a中存在一定程度的区分（参照边码28德国之翼航空案）。水运交通中成立过失犯的潜在可能性更大，它比道路交通事故造成的水污染后果要更典型。

五　积极悔罪（第330条b）

97　　行为人积极悔罪时，《德国刑法》第330条b为法院对第324条以下大部分条文开启了减轻甚至完全免除刑罚的可能。该款考虑到可罚性过于前置以至于没有《德国刑法》第24条所规定的免除处罚之中止的适用空间。根据《德国刑法》第330条第1款第2句，**过失犯应当免除处罚**。成立积极悔罪的条件是，行为人在重大损失产生之前主动防止危险出现或消除由其引起的危险状态。《德国刑法》第330条b中所谓的"状态"只是抽象危险。对于可归责的行为人，只要他

---

① Schönke/Schröder/*Heine/Hecker* §324，Rn. 15；*Krell* NZV 2012，116，117；*Kuhlen* S. 41 = WiVerw 1991，181（203）.

② Vgl. MüKoStGB/*Freund* Rn. 336 f. vor §§ 13 ff.

能——比如（尤其是）通过第三人——消除这种状态就足够了。① 在具体危险犯中，如果行为人防止具体危险的发生可以适用于《德国刑法》第 24 条，那么就与《德国刑法》第 330 条无关。《德国刑法》第 330 条第 2 款与《德国刑法》第 24 条第 1 款第 2 句的相应规定一致，如果危险并非因行为人的努力而避免的，只要行为人做出真诚且积极努力就够了。

六　加重的环境犯罪行为（第 330 条）

《德国刑法》第 330 条的内容与正式标题（"危害环境犯罪的特别严重的情形"）的标识不同，不仅包括量刑规则（第 1 款），也包括（结果）加重情形（第 2 款），而第 3 款则包含严重情形中情节较轻的规定。第 1 款所规定的情形包括对环境媒介造成特别严重的污染（第 1 项）、危害公共供水设施（第 2 项）②、对濒危动植物的持久性损害（第 3 项）以及为获利而实施的行为（第 4 项）。

水、土地和保护区受到**污染**是指，所受影响与之前状态相比，不只是轻微恶化，而是作为有机体生存环境特性的各种功能都丧失了。

公共用水是指对特定供应区的每个人持续提供的饮用水。如果犯罪行为造成清洁水供应紧缺，即是**危险**。

对濒危动植物**存续**保护的前提是空间关联，而不是特定区域内所保护物种的偶然出现。**持久性损害**意味着损害不仅仅是暂时性的，还

---

① BT-Drucks. 12/192, S. 29.
② Vgl. BGH NStZ 1991, 490, 491.

应与物种存续关联,仅仅零星个体死亡还不充分。

获利可被理解为严重违背道德追逐利益。

第 3 项的动物只包括野生动物,不包括家养动物。哪些动物和植物受到保护源于《德国联邦自然保护法》第 7 条第 2 款第 14 项,可参见《欧盟物种保护指令》(Artenschutz-VO(EG)338/97)(类型 a),《欧盟动植物栖息地保护指令》(Fauna-Flora-Habitat RL 92/43/EWG)附件 IV(类型 b),以及《德国联邦物种保护条例》第 54 条第 1 款(类型 c)。假如行为人是为市场竞争或节约成本,则不符合道德上令人反感的追逐利益的标准。

第 2 款第 1 项包括结果加重的情形,即行为人致使他人有死亡危险,或严重损害他人健康(第 1 种情形)或不特定多数人健康(第 2 种情形)。危险结果应为故意所包含。严重损害他人的身体健康的人数一般在 20 人以上。与《德国刑法》第 226 条不完全相同,此处也包括程度相当的损害。第 2 款第 2 项是造成他人死亡的情形,过失造成他人死亡的结果加重情形,同样适用于《德国刑法》第 18 条。

参考文献: *Kuhlen GA* 1983,389;*Matejko* ZIS 2006,205;*Rengier* FS Boujong,1996,791;*Saliger* Rn. 220 – 263;*Samson* ZStW 99(1987),618

深化阅读: *Daxenberger*, Matthias: Kumulationseffekte, 1997; *Kleine-Cosack*, Eva: Kausalitätsprobleme im Umweltstrafrecht, 1988; *Matejko*, Christian: Der Irrtum über Verwaltungsnormen im Rahmen der Verwaltungsakzessorietät, 2008; *Ronzani*, Marco: Erfolg und individuelle Zurechnung im Umweltstrafrecht, 1992; *Sammüller-Gradl*, Hanna: Die Zurechnungsproblematik als Effektivitätshindernis im Deutschen Umweltstrafrecht, 2014

第四章　设备运营中企业、行政部门的责任

环境刑法中的（特殊）问题也包括正犯和共犯。涉及的问题包括是否以及在何种程度上对企业内部的环境犯罪行为进行责任归属。这实际上属于典型的经济刑法问题。环境刑法的特殊性在于，企业经营者对环境保护之承诺通常是由法律事先规定的。同时，公职人员的刑事责任在细节上充满争议。这表明环境刑法的基础性问题十分广泛：一方面，公司管理层的刑事责任难以确定，这会导致环境刑法的结构性不公正。另一方面，过度的刑事风险可能会抑制行政部门的行动。这些教义学上的难题通常产生于行政从属性。具有刑法重要意义的组织体行为大多时候是不作为，因而本章也将处理保证义务问题。当然，核心问题仍是**正犯和共犯**。

一　普通犯与特别犯

普通犯与特别犯的区分具有重要意义。前者是任何人都可能实施的犯罪，后者在构成要件层面要求行为人具有特别身份，在此是指企业的经营者。

设备运营者是对设备的运转、性能和操作具有特定重要影响的人。

是否能够将特别身份"传递"给他人通常取决于《德国刑法》第14条，在此应作简要说明（边码102）。普通犯与特别犯的区分，首先对于公职人员的可罚性具有重要意义。如果行为人不具有特别身份，就不能作为正犯而是作为共犯来处罚。对于雇员而言，重要的是对未经许可而启动不是由自己运营的设备的处理。立法采用了两种表述：一是"启动设备的人员"（第327条第1款第1项、第2款第1至第3项以及第329条第1款第1句、第2句，第2款第1项、第2项），二是"在设备运营期间"（第325条第1款、第2款，第325条a第1款、第2款，第328条第3款第1项）。两者均属于上位概念**"运营犯"**。值得注意的是，在使用"运营犯"概念时就已经暗示了将两者同等对待，尽管对所有"运营犯"的处理是否都适用相同的规则一直争议不断。

（一）第14条中的身份转移

102　　就特别犯而言，所谓**组织体责任**与**组织代表责任**起着重要作用。《德国刑法》第14条作为核心规范规定了责任的"向下"转移。① 包含特殊身份要素特别是直接要求**法人**义务的构成要件，应避免处罚漏洞。就此而言，《德国刑法》第14条第1款第1项规定了组织体责任，第2、3项规定了有法人代表权的股东和法定代表的责任。第14条第2款第1、2项规定的是允许将职权委托给有意愿的代表，只要他们在企业中具有履行管理职责的特殊地位。第2项的情形需要委托

---

① Näher Kudlich/Oğlakcıoğlu, Rn. 117 ff.; Wittig, §6. Rn. 76 ff.

者明确授权，不过该事项通常难以证明。① 第 14 条第 2 款第 3 句将适用范围扩张至履行公共管理职责，这条对通过公共机构运营如垃圾处理设备等具有重要意义（边码 124）。

（二）普通犯与特别犯的区分

1. "设备运营者"与"设备运营期间"

无差别地将所有"运营犯"（边码 101）**归类为特别犯向来是流行观点**。② 反对观点认为，这些要素在不同构成要件中功能不同：各条文中"设备运营期间"要素应是在客观时空方面对适用范围的限制。立法者决定对大气、噪音进行片段性保护，只涉及特定的有害物质。因而只限于设备运营中的危险，但这并非着眼于限制犯罪范围。而含有"设备启动者"用语的构成要件包含未经许可启动设备的情形，由于这些设备不受监控运转因而特别具有需罚性。刑法应保障行政的事前监管，而许可义务只针对设备运营者。此处仅是在将其视为特别犯的前提下进行讨论。③

2. "违反环境行政法上的义务"

有时只要条文中含有"违反行政法上的义务"要素，就会直接被视为属于特别犯。④ 但正确做法是区分对待。关键点在于是否涉及**针对特定人的义务**，或者是否对于特定人而言是**特殊义务**。⑤

---

① *Franzheim/Pfohl* Umweltstrafrecht Rn. 396；zur insofern strengen Rspr. s. BGHSt 58，10.
② BVerfG NJW 1995，186；*Fischer* Rn. 14 vor § 324；*Franzheim/Pfohl* Rn. 574；*Frenz* NVwZ 2016，1510，1511；*Maurach/Schroeder/Maiwald* § 58 Rn. 24，34.
③ Graf/Jäger/Wittig/*Bock* Rn. 55 vor §§ 324 ff.；*Saliger* Rn. 149；SK-StGB/*Schall* Rn. 42 ff. vor §§ 324 ff.；im Wesentlichen auch *Rengier* FS Kohlmann S. 225，236.
④ *Fischer* Rn. 14 vor § 324；*Frenz* NVwZ 2016，1510，1511；*Maurach/Schroeder/Maiwald* § 58 Rn. 34.
⑤ Graf/Jäger/Wittig/*Bock*Rn. 56 vor §§ 324 ff.；Schönke/Schröder/*Heine/Hecker* Rn. 25 vor § 324 ff.；*Rengier* FS Kohlmann S. 225，230 f. *Saliger* Rn. 152；SK-StGB/*Schall* Rn. 45f. vor § 324 ff.

例如：T 用自己的收割机修剪草坪，并制造了巨大的噪音，明显超过了《德国联邦污染物排放条例》（Bundesimmissionsschutzverordnung）第 8 条所允许的分贝。

割草机噪音控制规定适用于任何人，T 不管是收割机所有人抑或仅是使用人都影响不大。① 区分观点认为，**个案决定**（尤其是禁令或执行要求）中有可能是特别犯，因为这针对的是特定的规范接受者。反之，当许可义务适用于所有人时（如《德国水资源法》第 8 条第 1 款），是普通犯。

《德国水资源法》第 8 条第 1 款：水资源的利用需经许可或授权，即使本法或者依据本法授权的条文未明确规定。

这意味着，任何人未经行政许可不得利用水资源。如果未经许可利用水资源造成土地污染，则成立由《德国刑法》第 324 条 a 规定的普通犯。

在区分观点中，如何判断与**设备相关的许可义务**仍存在分歧。首先，许多构成要件中的特别犯需要放在两种视角下来考察。《德国刑法》第 325 条第 1 款、第 2 款涉及的则是"设备运营期间"和"违反行政法义务"。即便根据通行观点，也不能根据第一个条件直接将该罪视为特别犯，因为行政法上的义务也可能是特别犯。

例如：作为油漆工的 L 未经 B 许可使用设备。在一个周末，L 出

---

① Vgl. zu diesem Beispiel *Rengier* FS Kohlman S. 225, 230 f.; *Saliger* Rn. 152; weitere Beispiele für Jedermann-pflichten bei SK-StGB/*Schall* Rn. 45 vor § 324 ff.

于私人目的使用设备,设备中的减震器足以对附近树林中的动物造成损害。

L自身并非设备运营者。本书认为,不能据此推论L不符合《德国刑法》第325条第1款所规定的行为主体。因为"设备运营期间"只是对有关行为的时空限制。后续问题是,L是否"违反行政法上的义务"。这些义务规定在《德国联邦污染物排放法》第4章以及《德国联邦污染物排放条例》附录5.1至5.4中。这些义务有时可以塑造行为规范,即任何人未经必要许可不得使用特定设备。反对观点认为,许可对象只是运营者,并不指向作为构成要件前提的L的义务。① L的行为和《德国刑法》第14条无关,故不符合《德国刑法》第325条第1款。

二 企业的刑事责任

企业内部的刑事责任首先是企业领导层应否以及在何种程度上负责。在实践中这一问题极其复杂。现代组织的复杂性——不时伴随"有组织的不负责"(乌尔里希·贝克语)——造成刑法所要求的个别责任归属尤为困难。② 实体法层面所涉及的问题是如何结合共犯教义学的一般归责原理来得出合理结论。同时,思维层面的问题是审查从哪里着手:从上(往下)还是从下(往上)。如果具体的环境犯罪由企业工作人员实施,对企业领导层的重要意义则在于,企业领导是否因为选任或监管责任而负刑事责任(自下而上)。而企业领导层规划决策权越大,就越可能从企业领导层开始进行责任归属(自上而下)。

---

① *Saliger* Rn. 156;*Schall* FS Schöch. 619,630 ff.;a. A. *Rengier* FS Kohlmann,S. 225,231 ff.
② *Saliger* Rn. 156,532;Sk-StGB/*Schall* Rn. 132 vor §§ 324 ff.

（一）水平的责任

108　　接下来的问题是**同一级别层面**的责任范围如何划分。大型企业因部门分工（如研发、生产、运营、市场、人事等），多头管理很常见。普遍认同部门的个别责任，即公司领导层成员只对**自己内部职权范围内**的事务负责。① 在此责任原则同样适用：人力资源主管可以信赖市场营销部门不会因为《反不正当竞争法》（Gesetz gegen den unlauteren Wettbewerb）第16条受到处罚，同样，在生产过程中也不会发生环境犯罪。因而不同部门之间**没有监督义务**。就此而言，皮革喷雾剂案的判决具有重要意义。德国联邦最高法院的判决对是否承认部门责任持开放态度；无论如何，在**紧急例外情形下存在一般责任**。

有限责任公司董事间的业务划分，原则上不影响董事的整体管理责任……这一对民事责任归属具有决定性影响的公司法原则，能否决定刑法上的义务范围是存有疑问的。在此无法进一步深究。通常与公司董事义务关联的，是该董事的监管事项和责任范围。不过，当公司作为整体因特殊原因——诸如紧急或例外情形——受影响时，则优先适用管理层总体负全责的原则，而后是公司管理层集体行动。（**Aus BGH 37, 106**）

109　　这只是说，每个人对自己职责范围外的事务都应当在这些情况下积极作为，即此时具有保证人地位。具有保证人义务主要取决于保证人有哪些选择，这点尚不清楚。如果某一保证人无法实施法律所要求的行为，应当知会其他公司领导人员。

---

① Vgl. *Kloepfer/Heger* Rn. 144；*Saliger* Rn. 163；Sk-StGB/*Schall* Rn. 153 ff. vor §§ 324 ff.

从义务回溯至所有公司领导层的总体责任,与个别公司领导者有关的行为禁令不同。……涉及跨部门合作即由公司整体采取有关措施如产品召回事项,需要整个公司领导层决定。与地方法院观点不同,要公司个别管理者对产品未能召回负责并不合理,但这并不能改变其有避免损失义务的保证人地位;保证人地位的界限由可流动的具体行为义务来划定。据此,每个人只需要充分利用投票权做自身认为可能和合理的事情,最终由公司管理层安排并执行产品召回。被告人没有履行作为义务充分说明他们没有实施应实施的行为。(**Aus BGH 37,106**)

(二) 垂直分层

组织体的内部责任可能是纵向的。基本形态是上级对下级实施犯罪做出劳动法层面的指示。这种情形在环境刑法实践中并不少见,按照一般规则有可能成立教唆(《德国刑法》第 26 条)。绝大多数观点认为企业内部指令广泛存在的教唆链符合《德国刑法》第 26 条,① 至于是否成立间接正犯(《德国刑法》第 25 条第 1 款的第 2 种类型)则存有争议。企业中较低层级的员工在没有领导层指令的情况下实施了犯罪行为,如果领导层知道后仍没有采取行动,可以考虑领导层不作为的可罚性,这涉及保证人地位问题。最后是在何种范围成立过失环境犯罪的问题,也即,因缺乏监管或监管不到位导致较低层级的员工实施了环境犯罪行为。

1. 组织支配下的间接正犯

如果上级在认知方面超过下级,如上级给下级制造污水排放已具

---

① *Krey/Esser* Rn. 1098;*Kühl* § 20 Rn. 193;vert. *Krell* Jura 2011,499 ff.

备行政许可的假象，则可能成立间接正犯。有争议的是，下级是否为自己所实施的行为负责。首先应注意到公司支配者不再是教唆者，而应依据《德国刑法》第26条受"类似于正犯"的处罚。这难免让人感到**刑事政策上的不公平**，而**真正应负责**的上级"仅仅"受到教唆犯的处罚。① 即便是形式上等同的刑罚，在实体上不法内容仍不相同，这点在与未遂（参见《德国刑法》第30条）相关的各条文中已有体现。因此，或者在例外情形成立间接正犯，或者利用具有完全刑事责任能力的人作为工具，也可能在经济组织中出现**正犯后正犯**。② 文献中早已将这些情形视为组织支配，成立组织支配需满足以下三个条件：

在垂直权力结构中的命令者发出指令，

权力支配的不合法性（Rechtsgelöstheit），

以及直接实行行为者的任意性（或可替代性）。

112　　首先可以澄清不合法标准的是不法政权（Unrechtsstaaten）或有组织犯罪。德国联邦最高法院在肯定柏林墙射杀案的判决中指出，经济组织体也完全可能成立正犯后正犯。

这种具有规定流程的框架性条件，尤其适用于国家、企业或类似社会组织体及其可发出命令的层级。在这些组织体中，幕后者掌控情况并且利用实行行为者的意愿实现构成要件。如果幕后者将结果归因于自己的行为，作为这种形式下的犯罪人本身就是间接正犯。行为人对事件在事实上的支配力，较其他类型的案件更大。如此这般理解的间接正犯，不仅适用于国家权力滥用情形，也可解决经济企业运营中的责任问题。（**Aus BGHSt 40,218**）

---

① Vgl. etwa *Rudolphi* FS Dünnebier, S. 863, 871; Sk-StGB/*Schall* Rn. 142 vor §§ 324 ff.

② Vgl. *Roxin* GA 1963, 193 ff.; *ders.* FS Krey, S. 458 ff.

此后，德国联邦最高法院开始考虑经济组织体中的间接正犯问题。幕后者"利用组织结构偏离规定性流程的框架条件"是成立间接正犯的充分条件。① 而司法实践遭到了理论通说的批评。② 主要的批评是，德国联邦最高法院抹平了教义学上正犯与共犯的区分，以致对任何方式参与行为的处罚似乎都是合理的。社会学层面的批评指出，企业结构、企业文化与国家公权力有本质区别，企业很难施加类似国家的控制。此外，经济企业中的支配显然无法通过传统标准得到证明。常见的反对观点是，何时会存在完全不法的企业？遗憾的是，德国联邦最高法院只是在理念上提出公平解决方案，但未能给出清晰的区分标准。

113

这并不是说，在企业中肯定正犯后正犯自始就是错的。如果企业领导层中有一种无法通过法律手段实现的预想，难免会给具体落实的员工带来很大压力从而产生这种犯罪结构。③ 在例外情形成立间接正犯完全具有说服力。④ 为了将这些情形和教唆区隔，需要在教义学层面对经济企业中的组织支配进一步具体化。

114

2. 不真正组织犯

近年来，司法实践中流行着一种新的责任归属模式，即所谓的**不真正组织犯**。⑤ 判决几乎全是诈骗案件，但实务明确传达的信息是该

115

---

① BGH NJW 1998,767,769;ferner BGHSt 48,331,342;49,147,163 f.; instruktiv *Nack* GA 2006,342 ff.

② Vgl. *Brammsen/Apel* ZIS 2008,256 ff.; *Rotsch* NStZ 2005,13 ff.; zuvor schon *ders.* NStZ 1998,491 ff.; skept. auch *Kudlich/Oğlakcıoğlu* Rn. 108 ff.; *Berndt/Theile* Rn. 65 ff.

③ "恐怖管理"的例子参见，*Ortmann* NZWiSt 2017,241,248。

④ Vgl. auch *Kühl* § 20 Rn. 73b; weitergehend NK-StGB/*Ransiek* § 324 Rn. 59 ff.

⑤ Vgl. BGH StV 2010,363,2013,286, wistra 2013,389;2016,309;2017,231; s. auch schon BGH NJW 2004,2840; *Rissing-van Saan* FS Tiedemann, S. 391 ff. 在一定程度上司法实践可能存在处罚漏洞，即行为人放弃了接下来的行为，参见 BGHSt(GS)40,138。Näher dazu etwa *Wessels/Beulke/Satzger* Rn. 1078 ff.

结构也能拓展到环境犯罪领域。想一下子理解这点并不容易。在概念层面上，这涉及不真正与真正组织犯的区分。真正组织犯是被明确置于刑罚之下的具体犯罪构成要件，诸如组织具有特别危险的（如恐怖）组织（《德国刑法》第129条a）。不真正组织犯并非某一具体构成要件，而应通过法律竞合处理。从犯罪参与角度出发，要特别审查一系列竞合关系以作出判断。比如，在系列诈骗行为中，幕后者不会亲自参与每一个具体行为，而台前的人实施的是复数行为（《德国刑法》第53条）；尽管幕后者实施的是单数行为（《德国刑法》第52条），但通过该单数（预备）行为可连接数个具体行为。

如果行为人致力于建立和维持以犯罪为目的的商业活动，没有参于他人的具体犯罪活动，就可以将行为人的行为归结为《德国刑法》第52条第1款意义下的单数行为，即（不真正）组织犯。（**Aus BGH wistra 2013**,97）

司法实践最终也明确了正犯的成立标准，这超过了法律竞合的重要性。不过，尚不清楚如何将该犯罪结构纳入传统的共犯类型。[①]

3. 企业主责任

如果排除积极作为的刑事责任，接下来的问题就是企业领导层在何种范围内具有保证人地位。企业领导层原则上只是基于"职位"成为保护责任人。所以，第一重限制来自于部门负责原则（边码108）。例如，不作为犯的成立源自在自己负责的领域因技术缺陷造成了环境污染的危害，或者**企业工作人员**实施了**犯罪行为**。[②]

---

① 关于该话题富有启发性和批判性的观点，*Reichenbach* Jura 2016,139 ff.。
② Rotsch/*Lindemann* §11 Rn. 13；SK-StGB/*Schall* Rn. 146 ff. vor §§324 ff.

第四章 设备运营中企业、行政部门的责任

例如：企业领导 G 在生产过程中图省事将含有污染物的生产残留排放到附近的小河中。

这种情形会产生所谓的刑法中的**企业主责任**。这同样适用信赖原则：企业主原则上相信企业工作人员不会实施犯罪行为。当然，该原则特殊情形也会有例外。现实情况就是，一方面企业主的这些特别责任原则上存在，另一方面很难追诉所有的犯罪行为。

德国联邦最高法院新近的判决模糊了企业主责任的边界。企业主是否对下级工作人员负责主要面临的是立场分歧。

117

判决取决于对代理人的目标设定，代理人是否有义务优化企业内部管理流程、监督违反公司职责的行为并做好防范，或者代理人有义务对企业违反法律的行为做出警示和防范。总之，可以从这些角度评价代理人的地位。（**Aus BGHSt 54,44**）

德国联邦最高法院划定了企业主和下级工作人员的负责范围的边界。两者只对**企业运营中**所制造的与企业运营相关的风险**负责**。

具体案件中，从企业主或企业领导层的地位可以推出，他们具有防止企业下级工作人员实施犯罪行为的保证义务。这一保证义务仅限于阻止实施与企业运营相关的犯罪，不包括在企业经营范围外所实施的行为……相关是指与行为人的经营行为或经营类型具有内在的关联。（**Aus BGHSt 57,42**）

根据《德国刑法》第 324 条、第 13 条，边码 116 所举案例中的 G 构成犯罪，因为他的行为涉及生产过程中的有害物质。至于组织工

118

作人员盗窃，企业领导层则无需作为保证人为之负责。德国联邦最高法院对此作出了积极回应，并在教义学和实例中采用具有说服力的区分标准。① 如举例所示，环境犯罪往往与企业运营相关，至少需要肯定企业主在企业运营中应负环境刑事责任。② 需要注意的是部门责任：营销部门的负责人原则上无须对企业工作人员在生产过程中的环境污染犯罪负责。

4. 过失的可罚性

环境刑法中也完全可以处罚过失行为，且过失犯适用单一正犯原则。这里存在的问题是过失刑罚风险的范围有多大。需要强调，这并没有取消**企业代理人**的附随义务，而且越来越流行的是**四方责任**。③ 保证人如果违反选任、监督或管理等方面的注意义务，则负有责任。原则上负责不意味着企业领导层不可以通过企业内部的环境监管体系——如生态管理和审核计划④——降低刑事风险。细节问题属于刑事合规的内容。⑤

---

① 企业主责任概述参见，Bülte NZWiSt 2012，176 ff.；Dannecker/Dannecker JZ 2010，981 ff.；Kudlich/Oğlakcıoğlu，Rn. 247 ff.；Lindemann/Sommer JuS 2015，1057 ff.。

② Vgl. auch Rotsch/Lindemann §11 Rn. 13；SK-StGB/Schall Rn. 146 ff. vor 324 ff.

③ Saliger Rn. 170；s. auch Kuhlen wistra 2016，465，467；Kudlich/Oğlakcıoğlu Rn. 114 ff.

④ 生态管理和审核计划（Eco-Management and Audit Scheme，简称 EMAS）是 1993 年欧盟发起的一个用于企业和其他组织进行评估、报告和促进其环保表现的管理工具，当时仅限于工业企业。自 2001 年起，EMAS 向所有经济实体开放，包括公共或私人服务业；2010 年第三版修订后，可以在欧盟以外的国家推广应用。EMAS 包含了 ISO14001 的要求，同时是可持续发展和企业社会责任的高级目标。可持续发展作为当下中国乃至世界大热的名词，在经济、文化、环境等各个领域占有重要地位，尤其面对日益恶化的环境状况，人们不再一味地索取，不再以牺牲环境为代价来获取经济利益，为了达到经济发展与环境保护的双赢，需要的是所有人的共同努力。现代企业作为拉动经济的主力军，则需要投入更多，甚至在企业内部管理中都应该选择运用一些工具来改善环境绩效。当前，EMAS 认证被公认为世界上最严格、最权威的环境管理工具（参见 http://www.gldyrs.com/news/103947）——译者说明。

⑤ Näher Rengeling/Dannecker/Streinz §8 Rn. 43 f.；Rotsch/Lindemann §11 Rn. 21 ff.，29 ff.；SK-StGB/Schall Rn. 166 ff. vor §§324 ff. 特别是水资源管理中的合规，Kahle/Pflannkuch KommJur 2015，121 ff.，164 ff.

（三）运营官

环境法的很多条文规定企业主有为特定条件下排污设备设置运营官的义务（如《德国联邦污染物排放法》第 53 条以下、第 58 条 a 以下，《德国水资源法》第 64 条以下，《德国循环经济法》第 59 条、第 60 条以及《德国危险物品运输法》（Gefahrgutbeförderungsgesetz）第 3 条第 1 款第 14 项）。

《德国水资源法》第 64 条第 1 款：

日排污量超过 750 立方米的水资源利用者，应立即配备保护水资源的运营官一人或多人。

与来自监管部门的监督不同，运营官更多是运用**自我监督的手段**，还不能算公职人员。运营官主要分为"专任运营官"和"兼任运营官"。之所以称**"专任运营官"**，因其只是具有运营的义务，而保证义务不能算环境法上的规定。**"兼任运营官"** 则不会与企业内部的其他责任范围冲突，因而无法免于相应的义务。他的保证人地位在内部义务范围内往往具有可传递性。

从保证人地位而言，运营官也只是在法律上可能的范围内负责。不同环境保护法中监管责任和义务完全不同，在此选取水资源保护运营官作为例子。

《德国水资源法》第 65 条：

水资源保护监督者就对水保护的重要事项向用水企业和员工提出建议，有如下权利和义务：

1. 监督有关保护水的法规、细则和命令的遵守情况，特别是根据废水的数量和性质测量定期检查废水系统的功能、正常运转和维护，通过控制和测量结果的记录，将发现的任何缺陷告知用户并提出补救措施；

2. 充分合理利用废水处理工艺，包括正确回收或处置废水处理产生残留物的工艺；

3. 开发和引进

a）能够在类型和数量方面排除或减少产生废水的内部程序，

b）环境友好型产品；

4. 将公司造成的水污染以及水资源法规定的防止污染的设备和措施告知企业工作人员。

根据《德国水资源法》第 65 条第 2 款第 1 句水资源保护运营官应提交年度书面报告。在企业领导层实施违法行为时，如果水资源运营官履行了义务内容，即便介入最终毫无成效，他也无需负刑事责任。换句话说，运营官在这种情形下并未违反保证人义务。在这方面，（仅）靠企业运营官履行义务无法起到决定作用。

122　　运营官违反义务的行为，可分为不同情况。①

基础案例：水资源保护运营官 G 注意到因污水过滤器损坏以致有害物质渗入地下水。他什么也没做，在年度报告说明中没有报告任何事项。最终企业领导层也没采取任何措施。

G 没有积极作为，不会以共犯受处罚。不过，如果认为是 G 的错误报告造成企业排污可能成立间接正犯，因为 G 作为企业运营官没有

---

① Zum Folgenden eingehend *Kuhlen* in：Amelung, Individuelle Verantwortung und Beteiligungsverhältnisse bei Straftaten in bürokratischen Organisationen des Staates, der Wirtschaft und der Gesellschaft, 2000, S. 71, 75 ff., 87 ff.; vgl. auch *Schall* FS Amelung, S. 287, 295 ff.

起到任何作用。不同观点认为，如果G未能报告信息，就只成立不作为。这取决于是否成立可罚的不作为犯，而不作为犯的成立要求G具有保证人地位。由于环境保护监督者具有局限性而无法确保环境不受污染，有时会否定保证人地位。主要质疑是，虽然保证义务的范围是有限的，但运营官的保证人地位是固有的。① 如果公司领导层的行为是善意的，G反过来可能是正犯。如果公司领导层知情，获悉过滤器损坏就不依赖G，此时就要进一步分析犯罪参与形式（边码141）。根据《德国刑法》第14条第2款第2项的规定，运营官明确接受企业主所委托的义务，是特别犯的正犯。② 在实践中，即便运营官违反义务也很难证明这种（假定的）因果关系，也要确定企业排污行为的合义务性。③

三　公职人员的刑事责任

环境刑法中处罚公职人员可以说是个爆炸性话题。一方面，环境执法迫切需要公职人员理解刑法，因为他们往往会很接近危险；另一方面，他们是可以有效预防甚至是唯一能有效预防环境污染的途径，也是由他们共同来为环境污染定损。但处罚公职人员原则上不存在合宪性疑问。

刑事责任的优惠意味着，普通刑法典不适用或非常有限地适用于

---

① OLG Frankfurt NJW 1987,2753,2756;*Kloepfer/Heger* Rn. 137;*Saliger* Rn. 172;SK-StGB/*Schall* Rn. 158 vor §§ 324ff.；a. A. LK-StGB/*Steindorf* § 324 Rn. 49；Wernicke NStZ 1986,223.

② *Kloepfer/Heger* Rn. 136；*Saliger* Rn. 172；a. A. *Maurach/Schroeder/Maiwald* BT 2 § 58 Rn. 28.

③ Vgl. OLG Frankfurt NJW 1987,2753,2756；*Dahs* NStZ 1986,97,101；*Saliger* Rn. 172.

公职人员，这无法从公职人员的传统原则中推论出来。（**Aus BverfG NJW 1995,186**）

不过，过度的刑事风险会造成行政管理缺乏安定性，有损与国家检察机关的协作。这些显而易见的风险不无让人担忧。基于此，立法者放弃对公职人员的处置条件作详细规定。我们既应丢掉部分行政行为常常构成环境犯罪的印象，也需要注意基于不同原因而来回摇摆的特殊规定：人们有时希望公职人员在相当范围内负担刑事责任，有时又希望通过特殊规定限制这种可罚性。[①] 即便公职人员的可罚性至今依然适用一般规则，在一定程度上仍旧是两种不同刑事政策立场的妥协，这也为学术和司法实践回答基本或细节问题留有余地。

（一）作为设备运营者的公职人员

124 公职人员与私人主体一样，在启动或者独立运营设备时不具有太大特殊性。这集中体现在市政管理下的游泳池、垃圾填埋场、净化系统、屠宰场等场所。[②]

B作为社区运营净化系统负责人，没有注意到许可在年初已到期。他最终因持续排放污水而被地方法院以过失水污染罪判刑。（**LG München II NuR 1986,259**）

[①] Vgl. *Tröndle* GS Meyer, S. 607,608 f. m. Nachw.
[②] 实务案例源自 BGH NStZ 1997,189（屠宰场）；OLG Stuttgart NStZ 1989,122 und OLG Saarbrücken NStZ 1991,531（污水处理厂）；OLG Köln NJW 1988,2119（游泳池）；OLG Stuttgart NuR 1987,281；LG Koblenz NStZ 1987,281（公地上的野外垃圾场）。

特别犯的范围取决于《德国刑法》第 14 条以及各自的委托协议。根据《德国刑法》第 14 条第 2 款第 3 句可以是代理人的任意行为。至于不作为犯，则要附加考虑保证人地位，这源于公职人员自身的特殊性。如果市政委员会没有采取必要措施，如投票反对对污水厂进行必要扩建，这是一种积极的作为；因此，这不是保证人问题，而应适用市政委会员已做出的上述决议（边码 79 以下）。①从上也可推出，市政领导原则上有义务依据当地法律对议会作出的违法决议采取措施。②

（二）环境行政部门中的公职人员

与特别犯真正关联的问题是，具有特定职权尤其是许可部门或监管部门的公职人员的刑事责任。特别犯在某些情况下可排除刑事责任，但这并非理所当然：依据《德国刑法》第 324 条第 2 款、第 25 条第 1 款第 2 种情形，如果水资源行政部门的公职人员违法发放排污许可，则构成犯罪；如果符合《德国原子能法》的许可，则可能不构成犯罪。③ 同时，也要注意到行政法的限制，首先要有行政法上的违法行为。此外，如果是属于公职人员有自由裁量空间的行为，则明确排除可罚性。

125

1. 违反义务的程度要求

反之，这并不必然意味着所有的错误裁量都成立犯罪。在犯罪结构上这与背信罪的问题相同，即不少主张要求"严重的"义务违反：如果有裁量自由，其边界就无法清晰确定；可设想在某一时刻逾越边

126

---

① *Franzheim/Pfohl* Rn. 558 ff.; *Pfohl* NJW 1994, 418, 420 f.
② *Franzheim/Pfohl* Rn. 562; Saliger Rn. 180; *Winkelbauer* NStZ 1986, 149, 115 f.
③ Beispiel nach *Saliger* Rn. 183; s. auch Müller-Gugenberger/*Pfohl* §54 Rn. 314；判决（BVerfG NJW 1995, 186) 不认为违反了《德国基本法》第 3 条第 1 款。

界，即有负刑事责任的可能。① 和赛事裁判一样，公职人员也不能被刑事风险过度抑制。不过，也只有在公职人员拥有绝对自由裁量权时才会出现问题，即不属于有拘束力的决定或者自由裁量权限缩至零等情形。

基于法律规定的情况，市政府防止水污染的职责越来越重……就此而言，市政府不具有自由裁量空间。市政府负有具体的实现无害废水排放的义务，因受地方议会许可的约束而不具有自由裁量权。就在介入措施的选择上，市政也没有多少自由。因为，对业主进一步的水污染只能通过采取强制措施——如有必要——来制止。（**Aus BGHSt 38,325**）

127　　在一些情形中能够肯定可罚性。部分学者支持在不具有裁量权时，原则上肯定公职人员的可罚性。② 有些学者则主张，这包括**不合理的行政决定**。③ 无论如何，这些都可包含上述案例。这些观点似乎也是较优选择，因为裁量决定涉及复杂的衡量过程。问题是，缺乏弹性标准时决定衡量是不合理的。文献中有很多公式，诸如临界性案件自由决断、侵害更重要的权利、明显的判断错误或有意违反环境保护的行为。但是，这些终究只是缺乏详细说明的证据标准。背信罪的讨论清楚表明，找到精确标准是极端困难的。在自由裁量权限缩至零时，最好不要偏离限制。

---

① 关于背信罪的讨论参见，BGHSt 47,148；47,187；50,331；*Kudlich/Oğlakcıoğlu* Rn. 358 ff.；*Schünemann* NStZ 2005,473 ff.。

② OLG Frankfurt NJW 1987,2757.

③ Vgl. *Franzheim/Pfohl* Rn. 596 ff.；Schönke/Schröder/*Heine/Hecker* Rn. 30 Vor §§ 324 ff.；Kuhlen S. 205 = WiVerw 1991,215,297 f.；LK-StGB/Steindorf Rn. 52 vor § 324.

2. 批准带瑕疵的许可

如果公职人员错误批准许可，他的可罚性取决于该错误在行政法上的效力，以及随之而来的给行政许可相对人带来的影响。如果**许可无效**（《德国行政诉讼法》第43条第3款，第44条），或者是通过**权利滥用**而获得的许可（《德国刑法》第330条d第1款第5项），就是故意违法，甚至是**主犯**。这种情形下，因许可相对人构成犯罪，公职人员不成立间接正犯。如果**许可违法但有效**（《德国行政诉讼法》第43条第2款）且不存在《德国刑法》第330条d第1款第5项的情形，则许可相对人的行为要么不符合构成要件，要么具备正当化事由。如果**不存在适格的主犯**，公职人员也就无法作为共犯受罚。① 另一方面，针对**刑罚间隙**则产生了间接正犯。

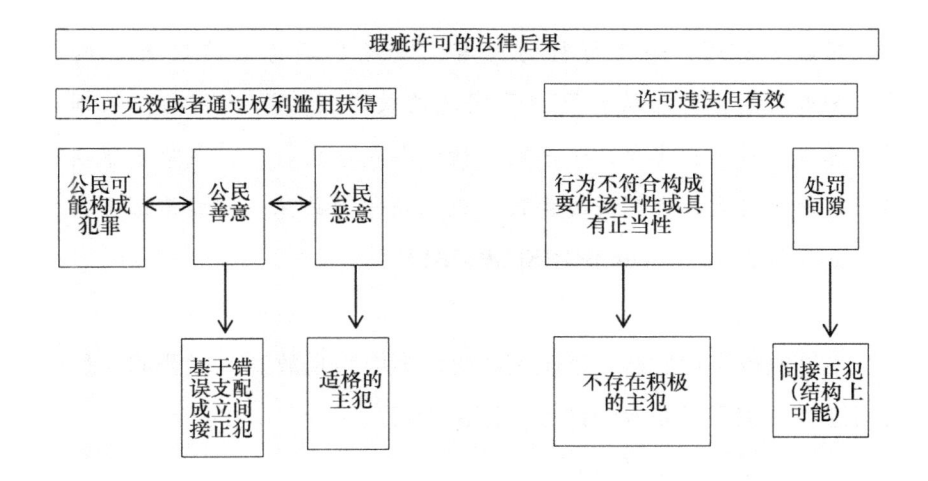

瑕疵许可的法律后果

许可无效或者通过权利滥用获得：
- 公民可能构成犯罪 ↔ 公民善意 ↔ 公民恶意
- 公民善意 → 基于错误支配成立间接正犯
- 公民恶意 → 适格的主犯

许可违法但有效：
- 行为不符合构成要件该当性或具有正当性 → 不存在积极的主犯
- 处罚间隙 → 间接正犯（结构上可能）

（1）无效许可或者通过滥用权利获得许可

如果许可无效就不具有刑法上的意义。对公职人员的处罚取决于行政许可相对人是善意的还是恶意的。如果许可相对人是恶意的，则成立

---

① Rengeling/*Dannecker*/*Streinz* §8 Rn. 33；SK-StGB/*Schall* Rn. 97 vor §§ 324 ff.

故意违法的主犯。这时公职人员可能成立间接正犯。如果间接正犯也被排除，就可能有处罚间隙。在例外情形下，则只成立间接正犯。

被告的加功行为在本案中具有关键作用，如果没有他的赞同，行政部门领导不会有这种态度，也只有 H 股份有限公司才有可能直接实施犯罪行为。被告在结果上也有自身利益的考虑。为维护在行业代表和部门代表中享有的高效垃圾处理者的声誉，他们已经了解如何以"不计成本"的方式快速灵活地解决许多严重的垃圾问题。（Aus BGHSt 39,381）

130　　如果许可相对人是善意的，因不成立故意违法的主犯罪行为而排除教唆共犯。但同时，可能成立支配错误的间接正犯。

然后……对……实行行为而言，或者是不符合构成要件的行为……或者是在行政从属原则下实施的被"批准"的行为，依据通说，客观上可被正当化；……或者认为存在禁止错误，在禁止错误脉络下即便存在容许性构成要件错误也无法排除故意。这些情形下，被告成立间接正犯。（Aus BGHSt 39,381）

不过值得注意的是，公职人员的行为应当是故意。而公职人员通常对通过欺骗手段获取的许可不存在故意。

（2）违法但有效的许可

131　　如果许可相对人是善意的，即便是违法但有效（并非通过欺骗）的许可，公职人员成立间接正犯也是毫无疑问的。如果许可相对人是恶意的，问题就更复杂。为了多维度全方位把握问题，需要排除公职人员作为共犯——与几乎所有的有争议的间接正犯案件不同——根本不存在适格的主犯行为。公职人员要么作为间接正犯被处罚，要么不成立犯罪。越过权利滥用情形无法建构共同犯罪。认为成立间接正犯,也可能高度存疑:即便许可能阻却可罚性。行为支配的要求并不必然导致处罚间隙。这与广泛认为的台前人(公职人员)完全不负责任并不一致。是错误支配下的行为还是受胁迫的行为,结论通常不存在差异。如果许可相对人是恶意的,则不同。恶意的行为人知道自己做了什么,需要对自己的行为负责。如果想一想许可相对人是否是公职人员的工具,答案就非常清楚。如果要求具备**一定程度的支配力**而不是欺骗,则应从中推论出:可罚与否最终取决于许可相对人是否以及如何利用许可的意愿。①

　　上述结论要**在刑事政策层面获得支持比较困难**,因而理论上不得不尝试通过其他途径证明公职人员的行为支配。早已有拿公职人员特殊身份的比喻论证:像铁路扳道工,环境污染的危害也有"靠右"和"绿灯"。②

　　一犯罪行为的实施在何种条件下是基于他人的行为,属于开放的价值评价问题。在价值评价上没有特别令人信服的合理理由……公职人员有意公开诚信企业家违反环境法实施的事实,不能归属于经批准的公职人员环境违法行为的执行情况。从公职人员角度客观地看,已经启动的环境违法行为是"他的作品";基于公职人员对事件在事实和法律层面的总体把握,公职人员即便不是主导者,也至少是核心人物。批准了实体法许可的公职人员,在认识到其批准违法时有立即撤销许可的法律义务,这种看法也能在规范上得到证实。如果该公职人员依然不作为是否

---

① S. etwa Schönke/Schröder/*Heine/Hecker* Rn. 35 vor §§ 324 ff.; Maurach/Gössel/Zipf/*Renzikowski* AT 2 §48 Rn. 86; SK-StGB/*Schall* Rn. 109 f. vor §§ 324 f.; *Stratenwerth/Kuhlen* §12 Rn. 45; eingehend *Wohlers* ZStW 108(1996),61 ff.

② So *Horn* NJW 1981,1,3 f.; s. ferner *Fischer* Rn. 16 vor §324; *Keller* FS Rebmann,S. 241,252; *Kuhlen* S. 201 ff. = WiVerw 1992,215,294 f.; NK-StGB/*Ransiek* §324 Rn. 74; *Saliger* Rn. 198,该想法部分结合了"赎回权"的意思。

具有可罚性，尚不清楚。(**Aus BGHSt 39,381**)

德国联邦最高法院的说理致力于进一步衡平。在此没有合理理由否定正犯，同样不合理的理由是声称犯罪行为是公职人员的作品。"回溯性"理由不具有信服力，公职人员为何能借此支配行政许可相对人。因回溯力而成立的不作为，导致这两种观点在结论上也没有特别明显的区别。

3. 未能撤销的违法许可

在其他违法许可案件中，不作为也有重要意义，如公职人员嗣后认识到自始违法的许可，或者是嗣后许可条件消失而"变成违法"的。处罚的前提首先是公职人员为保证人，其次是履行撤销许可的义务对该公职人员来说是合理的。

（1）保证人地位

①保护保证人地位

一方面，保证人地位一般来源于公职人员的身份，另一方面，在特殊案件中源自先行行为。两种方案都有争议。需要看到，如此解释有时候将先行行为扩张得太宽泛。可能没有必要将公职人员置于**环境保护的保证人地位**。否定保证人地位的观点认为，有关公职人员无法对环境法益实现**全方位预防**。他们的主要任务是**分配资源利用**。他们通常容许环境污染，有时候甚至允许对发现的违法环境污染进行裁量；当然，这不包括对环境的自然危险。基于上述原因，对保护保证人所要求的全方位保护只能是空谈。① 在一定程度上，这种观点是以保护保证人地位的基本假定为前提的。

---

① *Rudolphi* FS Dünnbier S. 561, 578 ff.; *Schünemann* wistra 1986, 235, 243 ff.; tendenziell auch SK-StGB/*Schall* Rn. 112 ff. vor §§ 324 ff., 不过这是有区分的，而且允许例外。

第四章　设备运营中企业、行政部门的责任

这并不必然意味着，保证人的特殊地位主要通过对许可相对人的 **135**
规范信赖就可以证明。即便存在这种情况通常也不会采取自我保护措
施，保证人有理由承担特殊的作为义务。① 显然，这种想法并不真正
适用于环境领域。常识表明，我们无法信赖水资源实现自我保护，何
况水资源自我保护也不现实。但信赖角度下**需保护性**的观点延伸开
来，会接近或非常近似于某人在宪法上不受保护。对此只需想想婴
儿。这种思考可作为保证人地位正当性的指引：环境在某种程度上不
受保护，而由宪法置于特殊的国家保护中（《德国基本法》第 20 条
a）。此外，通常监护人确有义务提供全面保护，但这并非保证人地位
的构成性要素。正因如此，现在保证人地位主要是被环境部门官员接
受。② 如果认可这点，先行行为就不再重要。

②先行行为

如果原则上肯定公职人员的保证人地位，问题就是他们是否具有 **136**
撤销违法许可的义务。这要区分不同案件情况，有时则充满争议。因
为至今仍不清楚**先行行为**的基础和边界。③ 它主要来源于不能通过自
己的行为危害他人的一般禁令。一方面，先行行为的思想基础是显而
易见的。另一方面，不能从某种危害行为中推导出特定义务。然而，
很难建立可靠标准来划清证据之外的界限。违法的行政许可也表明了
这点。同时，作为有撤销许可义务的保证人是不应批准许可的。

许多人走得更远，这涉及许可事后变成违法的情形，比如不存在 **137**
批准根据或是由前任所批准的许可。④ 两者都没有说服力。这当然不
属于要强加责任的情形。由先行行为回溯的义务在教义学层面也不具

---

① Vgl. etwa NK-StGB/*Gaede* § 13 Rn. 34.
② Lackner/Kühl/*Heger* Rn. 11 vor § 324；*Roxin* AT II § 32 Rn. 102 ff.；*Saliger* Rn. 210 f.
③ Näher Stratenwerth/*Kuhlen* § 13 Rn. 27 ff.
④ 关于继任者，Lackner/Kühl/*Heger* Rn. 11 vor § 324；*Horn* NJW 1991，1，6；SK-StGB/
Schall Rn. 118 f. vor §§ 324 ff.；*Winkelbauer* NStZ 1986，149，153；tendenziell auch *Fischer* Rn. 20 vor
§ 324；关于"嗣后违法"的许可，*Kühl* § 18 Rn. 99；包括两种情形，*Rudolphi* FS Dünnerbier，
S. 561，578；schaf abl. *Tröndle* GS Meyer，S. 607，621 f。

有说服力,尤其是当所要求的**先行行为违法性**欠缺时。目前这些标准并未被普遍接受。支持更大范围问责的观点强调,这是一种公职义务。在此,行政部门负有特殊责任的思想明显占据重要地位。从教义学角度看,谨慎放开保证人地位的限制而不是弱化先行行为的限制,是有说服力的。毕竟,具有社会相当性的行为很难触及先行行为的想法,是少数可想象的基石之一。

(2)保证人义务

138 即便公职人员具有保证人地位,也能从应撤销的许可中推导出保证义务。如果缺乏**行政法规定**,就排除了公职人员的刑事责任。这取决于撤销行政行为的《德国行政诉讼法》的条件以及特别法上的授权根据是否成立。如果是有可能撤销的许可,则要进一步区分:如果是由行政机关酌情决定的,依照正确的限缩性观点,公职人员只有在实施严重错误的行为特别是自由裁量权限缩至零时,才负刑事责任。

①对危害环境违法行为的不作为

139 最后可想到的情形是,公职人员知道环境污染而未加干涉。这大体上适用上述原则:因为一开始没有先行行为,关键在于公职人员是否是监督保证人。未否定保证人地位时,就需要环境领域中的专门义务来支持。① 反过来,限缩解释的根据是能否接受对污染未采取行动。同时要非常细致地审查假定的因果流程,也有必要预测冗长繁琐的行政程序之后果。

地方法院正确认为,环境污染在一定程度上是由被告的不作为引起的。在1982年1月至1983年这段时间,被告作为土地所有者没有履行不往地方污水系统排放生活污水的义务。自1983年年中起,被

---

① *Saliger* Rn. 214.

告可以采取行动以行政强制的方式对土地所有者采取措施,即使是在 1983 年底,那些在法庭上为自己辩护的土地所有者采取措施,也会决定安装小型污水处理设施以终止污水排放。行政程序和行政诉讼程序的耗时和对诉讼结果的预测,往往充满了高度不确定性。本案中,法院可在比较针对 F 提起的行政诉讼之程序和结果的基础上作出相应判决。(**Aus BGHSt 38,325**)①

②错误与过失犯的可罚性

如果公职人员误以为行为合法,则可以适用《德国刑法》第 16 条第 1 款排除故意。因而,总有处罚过失犯的空间。对此,有人指出对过失颁发瑕疵许可的行为施加刑罚,无异于"法治国的噩梦"。② 这一质疑——至少从狭义的注意义务标准原则来看——值得认真对待。如果引入合理的注意义务标准,特别是考虑到公职人员的负担过量,就能化解问题。依据所建构的基本原则,如果上级领导违反了对下级公职人员的监管义务,原则上应负刑事责任。③

四 不作为犯中的正犯与共犯

如果保证人无法阻止第三人实施环境犯罪,这就涉及成立正犯还是共犯的问题。可以设想的情形包括企业运营官,也包括环境行政部门。不作为保证人犯罪参与形式的区分问题,总是充满争议。④ 有观

---

① Krit. Dazu *Nestler* GA 1994,514,520 ff.
② Anwk-StGB/*Szesny* Rn. 60 vor § 324 unter Rekurs auf *Breuer* NJW 1988,2072,2083,这涉及从故意犯产生可罚性。
③ *Hüting/Hopp* LKV 2014,337,342 f.;MükKoStGB/*Schmitz* Rn. 130 vor §§ 324 ff.
④ 争论情况参见 *Wessels/Beulke/Satzger* Rn. 1034;ausf. *Kühl* § 20 Rn. 229 ff.;*Roxin* AT Ⅱ § 31 Rn. 124 ff.;尤其关于公职人员,*Nestler* GA 1994,514,527 ff.

点认为，不作为保证人毕竟属于次要角色，因而属于共犯；而按照义务犯理论，不作为保证人是正犯。有观点则主张依据保证人地位的不同形式区分：保护保证人是正犯，监管保证人只是帮助犯。因而，企业运营官和企业管理者原则上是共犯，公职人员是正犯。通说接受一般标准，即以保证人的支配性为准区分。[1] 值得注意的是，结果避免可能性只是不作为犯的一般前提，不能作为行为支配的根据，也需要具备由此产生的避免结果发生的能力。此标准倾向于认定企业管理者为正犯，更不用说公职人员。企业监督者在大多数情形下缺乏支配可能性，在个案中则取决于企业运营官是否有机会影响企业管理者。无疑，这可以直接排除成立帮助犯。[2]

参考文献：*Franzheim*/Pfohl Rn. 500 – 692；*Hohmann* NuR 1991, 8；*Keller* FS Rebmann, 1989, S. 241；*Kloepfer/Heger* Rn. 119 – 147；*Kuhlen* in：*Amelung*, Individuelle Verantwortung und Beteiligungsverhältnisse bei Straftaten in bürokratischen Organisationen des Staates, der Wirtschaft und der Gesellschaft, 2000, S. 71；*Meinberg* NJW 1986, 2220；*Nestler* GA 1994, 514；*Pfohl* NJW 1994, 418；*Rengier* FS Kohlmann, 2003, S. 225；*Saliger* Rn. 138 – 219；*Schall* JuS 1993, 719；*ders.* FS Amelung, 2009, S. 287；*ders.* FS Schöch, 2010, S. 287；*Schünemann* wistra 1986, 235；*Tröndle* GS Meyer, 1990, S. 607；*Winkelbauer* NStZ 1986, 149；*Wohlers* ZStW 108 (1996), 61

---

[1] Schönke/Schröder/*Heine/Weißer* Rn. 102 vor §§ 25 ff. Rn. 102；LK-StGB/*Weigend* § 13 Rn. 94 f. 在此，司法实践也以主观标准区分（vgl. BGH NStZ 2009, 321, 322），有关企业监管者的支配性参见，SK-StGB/*Schall* Rn. 159 f. vor §§ 324 ff。

[2] Vgl. OLG Frankfurt NJW 1998, 2753, 2756.

深化阅读：*Arndt*, Volker：Der Betriebsbeauftragte im Umweltrecht-Garant im Umweltstrafrecht?, 1985；*Atladi*, Ramazan Baris：Amtsträgerstrafbarkeit im Umweltstrafrecht, 2011；*Gürbüz*, Sabahat：Zur Strafbarkeit von Amtsträgern im Umweltstrafrecht, 1997；*Martin*, Julia A.：Sonderdelikte im Umweltstrafrecht, 2006；*Witteck*, Lars：Der Betreiber im Umweltstrafrecht. 2004；*Nappert*, Thomas：Die Strafrechtliche Haftung von Bürgermeistern und Gemeinderäten im Umweltstrafrecht, 1997；*Rogall*, Klaus：Die Strafbarkeit von Amtsträgern im Umweltbereich, 1991

第五章　垃圾处理刑法

142　　可以说，垃圾是人类最古老的环境问题。垃圾处理行业早已发展成为高达数十亿美元体量的行业。与激烈的市场竞争相关的是实现建立在牺牲环境基础上的低价风险（边码 18）。另一方面，基于上述原因，环境刑法特别规定了某些垃圾尤其是危险垃圾的范围。这成为环境刑法中**最具实践意义的条文**（边码 17）。不仅是因为垃圾的巨大体量，也是因为犯罪证据相对容易获得。当某人将污水排放到河里时，只要认识到其中的关联就足够了，没有必要再去检测水质，即污水存在抽象危险即可。这也说明为什么在刑事执法机关看来，《德国刑法》第 326 条有着巨大吸引力。可能存在的风险是将《德国刑法》第 326 条——类似于经济刑法中的背信罪——视为环境犯罪中的普通犯。但是，《德国刑法》第 326 条和垃圾行政法，均未规定危险物质的范围。①

　　危害公共利益的物品所有权人，自始就未考虑到将这些物品提交给垃圾管理机构，而是以其原始目的使用，或为实现原始目的转交给第三方。通过秩序法（如《德国危险物质法》《德国化学品法》《德国水资源法》《德国入境保护法》或《德国建筑法》）保障公共利益

---

① Vgl. NK-StGB/*Ransiek* § 326 Rn. 16.

的核心是相关危险的预防。即便其初始目标在客观上已消失或所有者已放弃该目标,也可能会出现《德国垃圾处置法》规定所希望消除的特定危险。支持不处理垃圾的主要理由通常与"经济利益"紧密关联。这些情况的出发点通常是——一如经济往来通常伴随着潜在的风险性利益——有相关法律就足以保证公共利益的实现。(**Aus BverwGE 92,359**)

143 处理垃圾向来是十分必要的。**垃圾的定义**是**支柱**性的核心概念。这给复杂的垃圾概念造成很大困难(边码145及以下)。① 《欧盟环境刑法保护指令》和《德国循环经济法》对垃圾刑法具有决定性影响,它取代了《德国循环经济与垃圾处置法》(Kreislaufwirtschafts-und Abfallgesetz),而且《欧盟环境刑法保护指令》反过来影响了《垃圾框架性指令》中的垃圾概念。除《德国刑法》第326条外,《德国刑法》第327条第2款也属于垃圾刑法——有关垃圾处理设备的行为被前置了。《德国刑法》第326条、第327条第2款规定的是抽象危险犯。《德国刑法》第326条规定了特定垃圾尤其是危险垃圾的范围。刑法将几乎所有行为方式都被置于刑罚之下的规定,在很大程度上和(环境)行政法存在矛盾。

144 《德国刑法》第327条第2款第3项的范围,有时过于宽泛,即任何形式的危险垃圾在刑法意义下都是可能的行为对象;有时又过于狭窄,即只包括《德国循环经济法》第35条及以下各条意义下未经许可的垃圾处理设备的运营(参见边码191、192)。在此,立法者认为这些设备运营具有高度潜在危险,因而需要通过行政部门的预防性控制来保障。在《德国刑法》第326条的脉络下,危险在三个层面起

---

① Vgl. *Schwartmann/Pabst* Rn. 416.

作用：[1] 第一，基于垃圾的客观属性，应具有一定程度的危险（参照《德国循环经济法》第3条第4款）。第二，应从垃圾中产生具有刑法意义的具体危险性（《德国刑法》第326条第1款第1至4项）。第三，应当符合《德国循环经济法》所规定的危险垃圾（第3条第5款），对于这种危险垃圾要适用特别义务（边码181）。《第45次刑法改革法》所增设的《德国刑法》第326条第2款第1项包含了不具有危险性的垃圾，这是个例外。立法者已在刑法典中删去了该规定并外包给《德国垃圾运输法》第18条b。

一　未经许可的垃圾处理

（一）刑法上的垃圾概念

145　　尽管《德国刑法》没有定义垃圾概念，但《德国循环经济法》第3条对垃圾概念明确作了限制。通说认为，核心刑法条文规定的垃圾概念尽管在原则上具有独立性，但在很大程度上仍受行政法和欧盟法中所规定垃圾概念的影响（功能主义的行政法从属性）。[2]

《德国循环经济法》第3条第1款至第4款：

（1）本法所称的垃圾，是指所有人丢弃、想丢弃或应丢弃的所有材料或物品。能被利用的垃圾应当回收，不能被利用的垃圾应当处理。

（2）如果所有者将附件1中的材料或物品送去回收或放弃对它们的实际控制而没有后续目标，则视为第1款中的处置。

（3）假定上述材料或物品有第1款含义内的处置意愿，

---

[1] Näher dazu *Krell* NZWiSt 2014, 14 ff.
[2] Statt vieler *Saliger* Rn. 274.

1. 在能源转换、制造、处理或使用材料、物品或服务等活动中产生但并非活动所指向的目的,

2. 其原本使用用途不再被放弃,且未立即产生新的目的。

预期用途的评估以生产者或所有者的意思为基础,并兼顾公众的意见。

(4) 所有者必须处置第 1 款所指的材料或物品,如果它们不再按照其原始用途使用,或者由于具体情况,可能在现在或将来会危害公众尤其是环境,其潜在风险只能依照本法规定以及依本法制定的规定,通过符合规定的无害化利用或处置来清除。

相较于《德国循环经济法》第 3 条,有时法律有特殊规定。比如,《欧共体规则》第 2 条 d (1102/2008) 规定,在氯碱生产过程中不再使用的金属汞也被视为垃圾。

刑法中垃圾概念的**内涵更为广泛**,可包含《德国循环经济法》规定范围之外的垃圾(参见《德国循环经济法》第 2 条第 2 款)。宏观背景是一些环境法对《德国循环经济法》第 2 条第 2 款中的"材料"作了特殊规定。同时,在刑法中统一规定垃圾概念也具有重要意义(边码 24)。放射性物质不适用于《德国循环经济法》(参照第 2 条第 2 款第 5 项),但对放射性物质的处理在垃圾刑法中(《德国刑法》第 326 条第 1 款第 3 项、第 3 款)具有重要意义。刑法上的垃圾概念比行政法上的含义要**窄**,《德国循环经济法》第 3 条第 2 款和第 3 款并不适用于刑法。根据这些条文规定的特定情形认定处置意愿属于**法律推定**,但**无法适用于刑法**,因为这严重违背存疑时有利于被告的基本原则:在《德国刑事诉讼法》中这类证明责任的归属,是个例外。[①]

---

① NK-StGB/*Ransiek* § 326 Rn. 7;sowie *Beckemper/Wegner* wistra 2003,281,282 ff. 在过去法律语境下被直接视为是拟制;erg. *Bülte* JZ 2014,603 ff.。

不过，推定作为构成要件要素限制了处置或处置意愿的定义，故能涵摄大多数情形。刑法与行政法上的垃圾概念总体上高度一致。在刑法中垃圾的循环利用是否具有意义，长久以来都是有争议的问题。立法者的解释是，《第 45 次刑法改革法》以来《德国刑法》第 326 条已规定了垃圾的循环利用。区分垃圾循环利用和垃圾清理（参见《德国循环经济法》第 3 条第 23 款、26 款）对行政法上的义务具有重要意义，这是界分《德国刑法》第 327 条第 2 款第 1 项和第 2 项（参见边码 191 及 192）的关键。此外，从《德国循环经济法》第 5 条中的循环利用可以推论出垃圾所含特征（边码 164 及以下）。

1. 垃圾分类

（1）主观的垃圾概念

147　　**主观的垃圾概念**，是指垃圾所有权人处置或打算处置的物品。一方面处置以有相应意愿为前提，另一方面应证实该处置意愿。这两个要素在很大程度上是重合的。主观的垃圾概念在某种程度上是以《德国基本法》第 14 条所保护的消极财产自由为根基：原则上公民可自主决定保留或处置哪些物品。相比于财产所有权人，**垃圾持有者**的处置意愿更能起到决定性作用。《德国循环经济法》第 3 条第 10 款在一定程度上（只）是以事实上的财产支配为前提。为与民法中的垃圾概念相区分，垃圾刑法中的持有概念附加了**持有意愿**。如果刑法中的垃圾概念要求具备持有意愿，这些物品就不属于主观上的垃圾——没有人有持有意愿。更有意义的是经常被讨论的后续问题，只有以《德国循环经济法》第 3 条第 10 款为条件放弃持有意愿，或者丢在"荒郊野外"垃圾堆的垃圾，才成立主观上的垃圾。[①] 援用行政法上的垃圾

---

① So *Hecker* NStZ 1990,326,327；SK-StGB/*Schall* § 326 Rn. 35 f.；a. A. MüKoStGB/*Alt* § 326 Rn. 25；Schönke/Schröder/*Heine/Hecker* § 326 Rn. 2d；*Saliger* Rn. 286.

概念是令人信服的。首先这是因为环境刑法与环境行政法存在一般性关联，其次是因为民事规定的其他指向，尤其是对占有的保护。否则，就可能产生奇怪的结论：一方面，如果行为人没有持有物品的意愿，成立主观的垃圾；另一方面，从前面结论却推出，要是不存在垃圾持有者，就已排除了主观垃圾的可能。

处置意愿是主观垃圾概念中的关键要素。如果存在处置意愿，即使是具有客观价值的物品仍可变成垃圾。相较于以客观使用价值丧失为条件的客观垃圾概念，主观垃圾概念更为宽泛。在只能合理解释为处置行为的情况下，可以相对简单地通过处置意愿证明垃圾特性。不过，这在实体法上并不成功。即使垃圾持有者认为垃圾特征不存在，或者具有错误或非理性的想象，在程序法上也很难证明处置意愿。实践中，总是要回溯至持有者的行为，关键要看物品对持有人是否还有价值。这似乎是容易区分的，但它依然存在问题。可靠的证据是，持有人在什么时候支付了购买物品的费用。① 如果物品是免费提供的，也可能完全没有价值。

148

A 以 200 欧元买了一辆小汽车后，就驾驶这辆车直到离合器受损而无法驾驶。她提议拆下来以用于装有运转液的汽车，X 对她的邀约颇感兴趣。A 原本想着还可以从 X 那里挣点钱，但最终免费交付了汽车。在交付时她明确表示，车对她"已无使用价值"。（**OLG Celle NuR 2011, 531**）

处置条件不仅包括物品持有者的抛弃意愿，也包括持有者不再使用该物品而将之送人或卖出。此时，把这些物品视为一般垃圾来处理

149

---

① BGHSt 37, 333, 336 f.; NK-StGB/*Ransiek* §326 Rn. 14.

明显不合适。① 但也不能据此区分物品是否对持有者造成了困扰；同时，也可能是持有者因物品太占地方或者关联着不愉快的记忆而把它送给他人。如果持有人送出后仍能直接使用该物品，则也应进一步限缩排除抛弃意愿。

即使这些法律有明确规定，垃圾不仅应被视为包括无法再合理利用且"已烂到要丢掉"的物品，还包括再加工能产生经济利益的物品。因此，垃圾概念并不取决于持有者对物品再利用可能性的认识与意图，关键是持有者是否认为这些物品是无价值的并处置掉，也就是说，持有者为摆脱掉物品而处置物品或允许处置物品。（**Aus BGHSt 37,333**）

150 临界情形是持有者打算抛弃的物品仍有卖钱的可能。这显示出物品的市场流通的关键因素。② 而几乎随处可见的断言是无法排除主观的垃圾概念的，因为持有者可以成功地将物品卖出。③ 立法机关很明显接受了这一事实，特别是2011年以来那些被视为垃圾买卖的行为也被纳入犯罪（边码176）。就此而言，是否属于垃圾的区分标准应是，对有关物品是偶然地支付对价，还是通常都要支付对价。后一种情形发生在市场中，即物品尽管可能对持有者没用，但并非毫无价值。实践中常遇到的是，在德国没有实际用途的摩托车——例如通过次年年检可能并不现实——在国外则完全可能卖出好价钱。④ 即便这

---

① *Sack* § 326 Rn. 33.
② *Franzheim/Pfohl* Rn. 260；SK-StGB/*Schall* § 326 Rn. 46；*Versteyl* NVwZ 1993,961,962.
③ S. nur BVerwG NVwZ 1999,1111；MüKoStGB/*Alt* § 326 Rn. 20；Schönke/Schröder/*Heine/Hecker* § 326 Rn. 2c；*Saliger* Rn. 290.
④ Vgl. OLG Hamburg NZWiSt 2016,146.

类摩托车没有市场，也不能简单将之归类为垃圾。如果认为成立应受处罚的不法，就应当在垃圾刑法之外的地方填补漏洞。

被告是一辆帕萨特轿车的车主和保管人，最近一次的全面车检于 2013 年 7 月到期。被告于 2013 年 1 月决定将车辆卖出或运到垃圾场。即便他在作出决定前，有汽车经销商的名片。汽车的约定交易价格大约是 1 万欧元，但后来在荒郊野外被发现了。（**Beispiel nach OLG Celle BeckRS 2016，09489**）

151

地方法院认为这辆汽车不属于客观垃圾，因为它在道路交通所有相关方面都能用。而主观垃圾概念明显成立，即被告打算丢弃车辆："主观的垃圾概念不受物品价值的影响，关键是物品对持有者失去价值因而持有者有意处置掉该物品。"

该判决十分可疑。首先是论证矛盾：一面是垃圾不取决于物品价值，另一面是垃圾对持有者而言是无价值的。只要被告每个月仍可获得 100 欧元，他仍可通过汽车赚 100 欧，不能轻易说这辆汽车对被告来说是无价值的。即便行为人打算处置汽车，处理意愿的具体化主要表现为，他对物品的处置意愿促使他去实施利用或抛弃行为。①

在其他情形如物品不经转换而被赋予（新）目的时，也会面临区分难题。尤其是司法实践中一再遇到的粪便问题。粪便主要被用作肥料，一般不进入市场流通。它们的数量如此之多以至于不可能实现纯粹的循环经济。不过，在农民打算或已经在自家农地将动物粪便作为肥料时，司法实践往往就会否定农民的处置意愿。② 但应考虑到**虚假**

152

---

① So etwa SK-StGB/*Schall* §326 Rn. 37.
② Vgl. EuGH ZUR 2005，599，600；OLG Oldenburg NuR 2000，409，410；OLG Celle NStZ-RR 1998，208；OLG Zweibrücken NStZ 1991，336，337；s. auch *Krell* NuR 2009，327，329.

施肥的例外情形，即粪便量太大以致施肥的目的完全退居幕后，此时农民的主要意愿就是处置这些粪便。但并非所有的过度施肥都是如此，也应关注**个案**。比如，一农民的邻居有一大农场，邻居也总是乐于免费分享，那么，动物粪便对他来说就一文不值。值得注意的是，一是要精确审查是否不存在客观垃圾；二是一旦涉及**副产品**（边码158以下详述），通常也就排除了《德国循环经济法》第4条的垃圾特性。

在特定条件下经济肥也可转化为垃圾。尤其要假设在（应）施肥区违反了施肥条例这一种情形，此时肥料不再用来培育植物或改良土地的营养供应，这就是为何在这时要假定存在处置意图。（**Aus OLG Oldenburg NuR 2000，409**）

司法实践的评论说服力十分有限。肥料对农民而言是有用的，但在此并非必然改变行为逾越容许的边界。在违背法律限制时拟制处置意愿，自一般法律原则角度也难以成立。

（2）客观的垃圾概念

153　　**强制性垃圾或客观垃圾**，是指那些它们的持有者必须处置的物品。客观垃圾概念的实践意义旨在克服主观垃圾概念的不足，从而避免持有者没有或者具有不合理且不现实的想法。即便不能证明处置意愿，也有可能肯定客观的垃圾概念。因为这些物品即便缺乏甚至违背所有者的意愿，也可被归类为垃圾。特别义务的施加涉及《德国基本法》第14条的适用。如果物品持有者是为公共利益而处置物品（参见《德国循环经济法》第3条第1款第1句、第4款），这可以通过财产所有者的社会义务（《德国基本法》第14条第2款）正当化。《德国垃圾法》第1条已经完全采用这种表述，但司法实践中发展出了垃圾应同时具备的三要素。立法者先在《德国循环经济与垃圾处置法》第3条第4款采用了三要素，之后成为《德国循环经济法》第3条第4款。

强制性垃圾成立的标准如下：当物品

①相较于（初始）确定目标不能继续使用；

②物品的具体状态足以对当前或未来的公共利益尤其是环境造成危险；

③这种危险倾向只有通过符合规定的无害化处理或者符合公共利益的清理才能排除。

第一个标准的表述就很糟糕。该表述似乎也包含那些只是未使用的物品，但这些物品依照它的预期用途可能随时再被使用或仍然有价值。但没人会仅因为所有者不再使用该物品便将之视为垃圾。早先司法实践的定义正是这个意思，即物品应在**客观上不具有使用价值**。已物尽其用，"**瓦砾倾倒的时机成熟**"（reif für die Schutthalde）。① 客观使用价值在可以循环再利用的情形，也未丧失。相反，也有观点主张物品价值应为当前的市场价格，现实中大多是**汽车残骸**。②

被撞毁的汽车在现实中存在一定市场，包括改造的事故车辆，也包括拆卸的汽车残骸——只要是功能性部件，从汽车经销商处购买备用部件的成本就很可观。这对没开多久即遭受全损的车辆尤为明显，这种情况下未损坏的零部件磨损程度较低，比较适合作为更换零件。

---

① So treffend Schönke/Schröder/*Heine/Hecker* § 326 Rn. 2；*Saliger* Rn. 296；SK-StGB/*Schall* § 326 Rn. 52；关于不具有客观使用价值的标准详见，BGHSt 37, 21, 27；333, 334。

② Vgl. OLG Braunschweig NStZ-RR 2001, 42；1998, 715；OLG Celle NStZ 1996, 191；NuR 2011, 531 m. Anm. *Krell*；OLG Düsseldorf NStZ-RR 2000, 19；OLG Schleswig NStZ 1997, 546；LG Stuttgart NStZ 2006, 291 m. Anm. *Henzler*；LG Kiel NStZ 1997, 496；Iburg NJW 1994, 894 ff.；*Kirchner/Jakielski* JA 2000, 813 ff.；*Sack* § 326 Rn. 155.

因而，可拆卸的汽车残骸也有交易价值。（**Aus OLG Braunschweig NStZ-RR 1998,715**）

正确看法是，部分有价值还不够，关键是交通工具作为整体在客观上是否具有使用价值。

对于客观垃圾概念而言，决定性标准是失去使用价值，这取决于是否可以通过经济层面的适当努力使汽车残骸可以重新安全上路，仅仅可以拆卸某个零部件并不意味着汽车残骸具有与车辆原始的目标设定相当的用途。（**Aus OLG Braunschweig NStZ-RR 2001,42**）

155　　更紧密相关的是实务中的**古董车案**。[①] 这不仅仅取决于使用价值，该汽车也具有收藏价值且经济上的价值相当可观。

当前情况不能仅仅从完全修复车辆的经济支出超过车辆价值的事实中推断——便宜时会很低。在所谓古董车情形下，考虑修复汽车的费用就是次要的。因为古董车的经济价值不取决于它在事实层面的使用价值，其经济价值通常是汽车使用价值的好几倍。这也涉及车辆问题，车辆作为存续的整体可以继续驾驶，而且至今无可争议的是被告接手后仍然以汽车原有目的留存。车辆是否归类为古董，不取决于能否修复或能否在短期内修复。（**Aus OLG Celle NZV 1997,405**）

上述标准与决定垃圾的经济标准并不兼容。事实上，司法实践中

---

① Vgl. BayObLG NVwZ-RR 1995,513；OLG Celle NZV 1997,405 m. Anm. *Sack* NStZ 1998,198；OLG Naumburg NStZ-RR 2017,13；*Henzler* wistra 2002,413ff.

确立的是不无疑问的古董优先。这特别容易造成所有旧车都是古董的错误印象。此外，也要注意到，如果笼统排除古董车的所有垃圾特性似乎也不合理。①

同时，应当以物品的具体状态来判断物品是否足以对当前或未来的公共利益尤其是环境造成威胁。通说特指《德国循环经济法》第15条第2款第2句第1项至第6项所提及情形的利益保护。

《德国循环经济法》第 15 条第 2 款：

处置垃圾的方式应当不损害公共利益，尤其表现为以下情况：

1. 人身健康遭受损害；

2. 动物或植物遭受威胁；

3. 水体或土地遭受不利影响；

4. 由大气污染或噪音引起的有害环境影响；

5. 未遵循空间规划的目的、原则和其他要求，或忽视自然保护、景区管理和城市发展利益的；

6. 以其他方式危害或扰乱公共安全或公共秩序的。

第1项至第4项在很大程度上和《德国刑法》第326条第1款第1项至第4项一致。从这种一致性可推出两点：第一，物品的危险性通常不仅与是否属于垃圾相关联，这在刑法上具有重要意义（参见上述边码156）。在这方面，本案已涉及废旧财产的部分问题，即汽油是否会从遭遇事故的汽车中外溢出来。② 大多数学者在《德国刑法》第326条第1款第4项的文义层面讨论该问题（边码173）。第二，刑

---

① Zutr. Sack NStZ 1998,197f.；高度怀疑的看法，OLG Naumburg NStZ-RR 2017,13。

② BayObLG NZV 1995,83.

法中限制垃圾概念具体意义的主要是主观垃圾概念，但客观垃圾概念中的公共利益也具有独立意义（《德国循环经济法》第15条第2款第2句第5项和第6项）。这尤其适用于对城市、乡村景观或"美好自然风光"的侵害。有时司法实践走得很远："即使在货运站附近的工业区，垃圾堆旁的废旧车辆也一直都是一道丑陋的风景。"① 不过在结论的得出上这不是关键，它终究还是要满足《德国刑法》第326条第1款第1项至第4项的交流规定。

强制性垃圾概念的第三个也是最后一个条件要求，只有满足《德国循环经济法》无害化处理的规定且符合公共利益的垃圾处置，才能排除垃圾的危害可能性。第三个条件考虑到垃圾处置对财产保障的干扰，旨在确保在个别情况下物品垃圾归类的**合比例性**。一言以蔽之，垃圾处置应当是**最后的手段**。

是不是当作垃圾去处置，应当以具体观察为基础回答。这需要在物品利用或再利用（包括实现前景在内的）过程中，在私人和公共利益之间进行权衡，独立自主地通过垃圾处置设备来消除垃圾的危险。同时，应当综合考虑具体案件情况，尤其是材料的性质和缺陷，材料存储的类型、地点和时间，以及由此产生的对公共利益的危害程度。就私人利益而言，物品的价值取决于其具体使用的意愿和机会……通常对环境有害但可重复使用或可回收的物品，只有在合理条件下能在客观意义上不（再）是垃圾，即在法律、事实、组织、财务、人事和贸易角度下立即将物品——在第三方的委托下——进行无害化利用或回收利用。"（**Aus BVerwG NVwZ 1993,990**）

---

① OLG Braunschweig NVwZ 1994,934；在成堆的狗屎（OLG Düsseldorf NStZ-RR 1991,335, 336；OLG Frankfurt NVwZ-RR 1992,545）和粪便（Sack NStZ 1991,337）情况下也强调美学。

（3）副产品不属于垃圾

《德国循环经济法》第 4 条规定的**副产品**不属于（刑法意义上的）垃圾。该条以《垃圾框架性指令》第 5 条为根据，是对欧盟法院所确定下来的司法实践之法典化。

《德国循环经济法》第 4 条第 1 款：

（1）如果生产过程中产生的材料或物品之主要目的不指向该材料或物品的生产，应将其视为副产品而不是垃圾，如果

1. 确保该材料或物品能被继续利用；
2. 不需要超出工业流程的进一步处置；
3. 材料或物品是生产过程的组成部分；
4. 继续利用合法；如果材料或物品符合各自用途、环境和健康保护的要求，且不会对人类或环境产生有害影响，即属于这种情形。

《德国循环经济法》第 3 条第 3 款第 1 句第 1 项至第 4 项规定了处置特定材料或物品原则。毫无疑问，第 4 条明文规定的上述原则的例外情形可从文义推出，从而**排除垃圾特性**。①

《德国循环经济法》的基本前提是物品产生于生产过程。对生产概念的理解可以尽可能地展开想象，包括工业化的生产流水线、采矿作业、农业生产等。② 一如《德国循环经济法》第 3 条第 3 款第 1 句第 1 项、《德国循环经济法》第 4 条第 1 款不要求生产过程指向有关材料的产生。这仅限于说明功能：根据《德国循环经济法》，一旦指向物品的主要目的，就不成立垃圾。从某种程度而言，第一个标准并

---

① Vgl. auch VGH Mannheim NVwZ-RR 2014, 93.
② *Henke* SächsVBl. 2013, 225, 227; *Kropp* UPR 2013, 369, 370; *Schink* UPR 2012, 201, 206.

不会造成实质性限缩，因为任何用途原则上都是符合的。用途不只是可能性而是确定的，关键论据是物品是否具有销售市场。第二个标准明确了材料不必按照原样使用。即便是原材料的生产过程，也应肯定标准的工业化流程，这不同于垃圾的预处理。第三个标准是关键性区分：**再利用**应是**合法的**，条件是这符合所有的主要保护条文，而且再利用不会对人类或环境造成危害后果。

可以通过动物粪便的例子说明《德国循环经济法》第 4 条的含义。[①]

例如：农民 L 主要从事养牛业，也在一小块农地里种庄稼。他在养牛过程中将产生的动物粪便汇集起来，并把这些粪便当作肥料利用。因为处理这些粪便要投入成本，L 就将之放置在一小块场地上。

养殖业作为一种生产活动，是后续解释的起点。养殖会产生动物排泄物，但这并不是养殖业的主要目的。是否保证后续利用取决于农民的意愿与可能，这可以由第三方通过验收或者合同履行情况来证明。L 打算在自身经营中利用粪便，但这不符合处置意愿要求。关键是第 4 项：依据是《德国施肥法》和《德国施肥条例》（Düngegesetz und Düngeverordnung）要使具体利用合法，粪便只是副产品而不是垃圾。根据《德国施肥条例》第 3 条，核心在于肥料需求。如果（如例子中那样）无视这些规定，则一会儿肯定垃圾存在，一会儿又在企业产生大量粪便的背景下排除垃圾特性。因而，根据《德国循环经济法》第 4 条最终得出的结论是一样的，即将之涵摄在垃圾概念下。第 1 项明确规定物品并非客观或主观的不具有有用性，第 2 项确保了直接性标准（《德国循环经济法》第 3 条第 3 款第 2 项）。如果垃圾处置

---

① S. auch EuGH UPR 2014,61;ZUR 2005,599;*Henke* SächsVBl. 2013,225,229 f.

不违背公共利益，则符合第 4 项的要求。在理论层面，这涉及对副产品特殊规定之合理性和安定性。显然，这些规定也为规避和虚假行为开启了方便之门：实践中，有企业被指控使用复杂得几乎不透明的伎俩，制造所产生的垃圾是副产品的（错误）印象。

2. 不可移动的垃圾

根据《德国循环经济与垃圾处置法》，垃圾只包括可移动物品。但是，欧盟法院已有判例显示，受污染的土地也是垃圾。随之而来的问题是，如此广义解释是否仍具有刑法意义。合法性原则为合欧盟法解释提供了边界，正确的立场是只有可移动的垃圾具有刑法上的意义。[①] 一方面，依据《垃圾框架性指令》第 3 条第 1 款 a 并且结合欧盟法院的司法实践定义垃圾，即垃圾是任何持有者已经处置、打算处置或应当处置的物品或对象。另一方面，第 2 条第 1 款 b 中的土地及其关联的建筑也被纳入指令的适用范围。《德国循环经济法》第 3 条第 1 款是对《垃圾框架性指令》的落实：垃圾不是"可移动的物品"而是"所有的材料和对象"。根据《德国循环经济法》第 2 条第 2 款第 10 项，土地与建筑物均适用该法。这在行政法中一直没变，在刑法中却很混乱。主要问题仍是**可移动物**的问题。[②] 一些学者参照《德国循环经济法》第 2 条第 2 款第 10 项，一些学者则认为垃圾概念应当以可移动物为前提。《德国循环经济法》第 2 条第 2 款第 10 项能为刑法上的垃圾概念划定边界，而在其他例外情形下却一概否认，对此

[①] Alt StraFo 2006, 441 ff. 基本的司法实践参见, EuGH NVwZ 2004, 1341-Van de Walle（有关受污染土地作为垃圾）；有关合法性原则作为合欧盟法解释的边界，参见 Hecker Kap. 10 Rn. 35 ff.

[②] StA Hannover NuR 2013, 300；MüKoStGB/Alt §326 Rn. 20；NK-StGB/Ransiek §326 Rn. 11；Saliger Rn. 276；SK-StGB/Schall §326 Rn. 16 ff；s. auch Sack §326 Rn. 56；Fischer §326 Rn. 6 肯定垃圾特性，但也适用于《德国循环经济法》第 2 条第 2 款第 10 项。

应有起码的说明。①

162 最后，合欧盟法的解释是否可以进一步重新解释《德国刑法》第 326 条以囊括可移动物品，这一点尚未得到澄清。考虑到《垃圾框架性指令》最终排除了地基和建筑物本身，可以否定这一点。这是否有效取决于是否产生违反欧盟法的处罚漏洞。至于受污染的土地，大多学者持否定态度，因为《德国刑法》第 324 条、第 324 条 a 足以提供充分保护。在实践中，对**石棉纤维玻璃板**（asbesthaltige Faserzementplatten）的垃圾特性，分歧也很大。② 通说认为这属于从天花板或墙壁上拆下来的垃圾；如果它们仍属于建筑物的组成部分，就应被排除在《德国刑法》第 326 条之外，但它们可能与《德国刑法》第 325 条或者《德国化学品管理法》（Chemikaliengesetz）第 27 条相关。

163 在大多数情况下，刑法中扩张解释的材料和物品并未被接受，而是进一步要求涉及财物。③ 这很关键：因为将材料和物品区分开来的，应是物品的**空间界限**。

A 在自家农场建了一个基座大约为 10×10 米、平均高度为 1.2 米的粪堆，由此最终形成了 30 平方米的粪坑。地方法院判决认为，"要么通过它们自身的物理限制，要么通过将它们存储在容器中或通过其他人为方式，使聚合状态不起作用"。无论如何，这种情形在粪坑案中是存在的。（**BayObLG NuR 2001, 118**）

---

① Schönke/Schröder/*Heine/Hecker* § 326 Rn. 2 g; s. auch *Kloepfer/Heger* Rn. 282.
② Vgl. BayObLG NStZ-RR 1997, 120; 1998, 243; *Franzheim/Pfohl* Rn. 364 ff.; *Henzler* NuR 2012, 91, 92 ff.; Müller NuR 2001, 202 ff.; monographisch Thomas Asbest und Strafrecht, 2015.
③ Vgl. Satzger/Schluckebier/Widmaier/*Saliger* § 326 Rn. 6 m. Nachw.

3. 成为垃圾的时点

在行为人实施构成要件行为时,垃圾特性即应存在。因而应准确确定物品是从何时开始到何时为止可归类为垃圾。考虑到**垃圾特性的开始时点**受很多因素影响,这并不容易。主观的垃圾始于被行为人处置,客观的垃圾始于物品客观上失去使用价值且足以危害公共利益。通说认为,垃圾特性是基于物品的可移动性,如受污染的土地被"挖出"或石棉纤维玻璃从建筑物剥落。《德国循环经济法》第 5 条明确规定了**垃圾的终止时点**,该条主要吸收了欧盟法院先前的司法实践和《垃圾框架性指令》第 6 条第 4 款第 1 句。① 在此之前,法律并未规定垃圾的终止时点。《德国循环经济法》第 5 条可能比先前的司法实践更宽松,适用的是第 2 条第 3 款**软法**(lex mitior)的基本原则。②

《德国循环经济法》第 5 条第 1 款:

当材料或对象的垃圾状态在经过回收过程后具有这种性质时,其垃圾状态即告终结:

1. 它通常用于特定目的;
2. 它具有市场或有需求;
3. 它符合其特定目的的技术要求的法律规定和产品应用标准;
4. 它的使用不会给人类或环境造成危害。

显然,这和《德国循环经济法》第 4 条是一致的。一方面,这两个规定是互斥的:因为《德国循环经济法》第 4 条意味着某一物品自始不是垃圾,而《德国循环经济法》第 5 条以垃圾为前提条件。另一

---

① Vgl. EuGH NVwZ 2000,1156,1159;ZUR 2004,34;s. auch BVerwGE 127,250,253.
② BGHSt 59,45,49.

方面，二者也相辅相成：《德国循环经济法》第 5 条将材料放在经济循环中，《德国循环经济法》第 4 条一开始就将它们留在那里，二者实质上具有一致性。《德国循环经济法》第 5 条的前提条件是，符合《德国循环经济法》第 3 条第 23 款中规定的回收过程，且局限于垃圾利用。

《德国循环经济法》第 3 条第 23 款：

本法所指的回收可以是任何过程，只要其主要结果是为了使垃圾在工厂或广义的经济体中实现更大价值，或者用以替换实现特定功能的其他材料，或者变成以实现这种功能的垃圾。附件 2 包含了回收过程的不完全清单。

166　　必要条件主要是为了特定的目的而利用材料或对象。《德国循环经济法》第 5 条要比第 4 条严格，因为可能的利用需要与现有实践相对应。应有市场或需求是更严格的要求。第 5 条第 1 款第 3、4 项与第 4 条第 1 款第 4 项是同步的。从刑法角度观察，《德国刑法》第 326 条所规定的犯罪行为范围广泛（边码 176），几乎包括处理危险垃圾的所有行为，因而应审慎审查垃圾在较早时点是否（尚未）存在。

K 接收来自整个德国乃至欧洲的大量污泥并支付相应费用，然后在堆肥厂处理这些污泥。K 以这种方式生产了 20 万吨污泥堆肥，但是，根据《德国垃圾处置法》他未经许可而填埋了露天砂矿的部分区域。德国联邦法院的疑问是，这些材料具有高度的有害性，在污泥被填入砂矿时它的垃圾特性是否已经消失。先前无论如何存在垃圾，堆肥厂的处置既不是回收过程的终结，也无法保证是无害化处置。（BGHSt 59，45）

一定程度上《德国循环经济法》第5条存在潜在冲突。《垃圾框架性指令》中作为核心条文的第6条第1款建立在"确定垃圾"的基础上。确定垃圾"具体标准"的立场是，垃圾特性的终结以材料在具体流程中的具体特性来确定。如果出现这种情况，只能认为行政法规不适用于《德国循环经济法》第5条。当垃圾终结时点延迟后，刑法适用基于类推禁止原则就不无疑问。①

（二）垃圾的危险性

1. 具有传染性的病毒或病原体（第326条第1款第1项）

《德国刑法》第326条第1款只包括那些具有特殊危险的垃圾。第326条第1款第1项规定的是，可能含有或产生对人体健康、动物的公共危险，且传播病毒或病原体的垃圾。有毒物质指的是什么，初看似乎是以《德国刑法》第224条第1款第1项为导向：只需材料危害人身健康。但体系性论证则相反：《德国刑法》第326条第1款第2项包括具有致癌、严重危害或改变遗传基因的垃圾。如果第1项包含了所有危害健康的物质，就破坏了这种限制。因而，应当对《德国刑法》第326条第1款第1项的有毒性要素做限缩性解释。②

有毒物质是指，所有依据其性质或数量一般足以以化学或物理化学方式破坏人类生命或健康的有机物或无机物。

有毒物质的概念在实践中引发争议。一方面，任何材料只要一定量具有危险性，就有可能成为有毒物质，只需想一想特定量食用盐的

---

① Krell NZWiSt 2014,14,16;行政法角度如，Henke SächsVBl. 2013,225,230。
② NK-StGB/*Ransiek* § 326 Rn. 25;Saliger Rn. 303;*Satzger* Jura 2015,580,585 ff.

致命性效果。① 对此讨论很少，目前还不清楚起决定作用的具体情形是什么。以吸收情形为例，对于原则上具有毒性的废油，即使被埋入土地（仍）是有毒物质吗？

公共危险是指，可能对大量或不特定的人或动物的健康造成危害。

公共危险特指《德国感染保护法》（Infektionsschutzgesetz）第 5 条中应登记的疾病与《德国动物保护法》（Tierschutzgesetz）第 10 条中应通告的疾病。其中，"可能"应理解为"引起"而非"包含"，因而"可能"不宜理解为只要可能包含有毒性或病原性成分的，就是垃圾。②

2. 具有致癌性、有毒性或者遗传基因的诱变性垃圾（第 326 条第 1 款第 2 项）

《德国刑法》第 326 条第 1 款第 2 项包括具有致癌、严重危害或者改变遗传基因的垃圾。《德国危险物品条例》（Gefahrstoffverordnung）第 3 条第 2 句第 12 项至第 14 项可以辅助解释，但该规定于 2016 年年底已经失效。《德国危险物品条例》第 2 条第 3 款和第 3 条第 2 款第 2 项 e 至 f 情形，参照《欧盟化学品目录条例》（Chemikalien-Kennzeichnungs-VO Nr. 1272/2008）的作用不大。接下来，我们应回归到原初概念。

致癌性垃圾，是指吸入、吞咽或皮肤吸收时，会致癌或提高致癌

---

① BGHSt 51,18 = JuS 2006,758(*Jahn*).
② Hecker NStZ 1990,326,327；在某种程度上误解，AG Düsseldorf NStZ 1989,532。

率的垃圾。

危害生殖的垃圾，是指吸入、吞咽或皮肤吸收时，（1）对后代造成非遗传性损害或提高损害概率；（2）会损害两性的生殖功能或生殖能力（危害生殖能力）的垃圾。

改变遗传基因的垃圾（诱变剂），是指在吸入、吞咽或皮肤吸收时，会造成遗传基因损害或提高损害概率的垃圾。

3. 具有易爆性、易燃性或者放射性的垃圾（第 326 条第 1 款第 3 项）

《德国刑法》第 326 条第 1 款第 3 项规定了具有易爆性、易燃性或者放射性的垃圾。具有易爆性的物质规定在《德国易爆物保护法》（Sprengstoffgesetz）第 1 条、第 3 条第 1 款以及《德国危险物品条例》第 2 条第 10 款。具有高度可燃性的物质可在先前的旧《德国危险物品条例》第 3 条第 2 句第 3 项与第 4 项中发现。新《德国危险物品条例》第 3 条第 2 款第 1 项举例 f 至 g 则指向了《欧盟化学品鉴定条例》（Chemikalien-Kennzeichnungs-VO）的附录。在此，也有可能参照原来的规定。具有强放射性的物质包括《德国原子能法》第 2 条第 1 款中规定的所有垃圾，也可根据《德国原子能法》（第 9 条 a 第 2 款第 2 句）或者《德国辐射防治条例》（Strahlenschutzverordnung）（第 3 条第 2 款第 16 项）逐一排除。

易爆性垃圾是指，可以产生放热反应且在固态、液态、糊状或胶状状态下迅速产生气体，从而在大气缺氧时起爆，或在部分封闭条件下加热时迅速爆炸的物质。

易燃性垃圾是指，那些特别易燃并因此具有（火灾）危险性的材料。这源于这些材料在给定的自然条件下无需点火就能升温燃烧起来。

4. 其他危害环境的垃圾（第 326 条第 1 款第 4 项）

171 作为潜在危险犯或**适格犯**来规定的《德国刑法》第 326 条第 1 款第 4 项，是当前**最为实用的规定**。① 对不利改变（die nachteilige Veränderung）的理解与《德国刑法》第 324 条相同（边码 200 以下）；不同的是"只要足以"污染所谓环境媒介即**符合**《德国刑法》第 326 条第 1 款。当前通常认为，即便是德国联邦法院的判决，对该问题的规定也很混乱。

如果受影响地区的地下水，受到来自经批准使用的设施以外的沉积废物的持续污染或产生其他不利变化时，则足以满足构成要件。并不需要对其他环境媒介、人类或动物造成明显的影响。辨别是否存在持续的水污染这个问题的关键在于，水体（无论类别和水质）是否受到了显著的严重污染，以致其生态价值持续降低。为了能够确定该砂石坑区域是否存在上述批评所说的持续的地下水污染，需要进一步对受影响地区地下水的生物量的浓度、强度和持久性作鉴定。（**Aus BGHSt 59,45**）

严格来说，德国联邦法院在此要求水污染的结果。② 目前很难认为通说反对《德国刑法》第 326 条第 1 款的规定，更不用提目的论限缩。这可能是最糟糕的表述。

172 危险的适格性以充分明确的垃圾损害内容为基础。③ 垃圾的**类型**、

---

① Saliger Rn. 306.
② 但此前地方法院的判断并不相同，NJW 1992,2841,2842;1988,3029,303，要求环境侵害；批评意见参见，*Winkelbauer* JuS 1994,112,115. Zu BGHSt 59,45，一致性看法，*Heger* HRRS,169,172;*Krell* NZWiSt 2014,14,17;Satzger/Schluckebier/Widmaier/*Saliger* § 326 Rn. 33;*Sack* § 326 Rn. 195;s. aber auch MAH AgraR/*Sandkuhl/Bellinghausen* § 24 Rn. 45。
③ 关于必要性的确定参见，OLG Oldenburg AuA 2010,95。

性质或数量都是适格性的构成性选项。因此，某一类型的垃圾往往是"慢慢变成"危险垃圾的，即内含微量污染物质的垃圾基于数量庞大可以同样成为特别危险的垃圾。此处的"性质"是指垃圾的具体内容和状态。

上述**废旧车辆案**中究竟哪些要素重要，一直充满争议。显而易见，危险并非来自汽车本身，而是汽车中的流动汽油。毫无疑问，汽油具有一般危险性，有疑问的是这些**流动性液体**是否可以充分说明具体危险的存在（边码156）。在某些情况下，如果**车中**放置了对环境有危险的液体，就有必要判断有关油箱和排气管的**具体状态**。①

如果车辆中变速箱油和液压油的储备量过少，就不足以污染土地。此外，上诉判决书未说明车辆下方是否为泥土路面，如果车辆停在水泥路或沥青路上，机油或液压油渗入泥土似乎尚远。合议庭认为，判决理由应说明汽车油箱和排气管道的状态足以引起现实的危险。（**Aus OLG Koblenz NStZ-RR 1996, 9**）

这种严格观点与《德国刑法》第326条抽象危险犯的构造很难协调。② 一方面相关案例中始终存在潜在危险，无论是液体渗出，还是因为腐蚀，抑或是遭遇啮齿动物或第三人破坏。但有时是新车存有这种风险却缺乏垃圾特性。如果放任废旧车辆在被抛弃地自生自灭，风险可能更高。因而依据《德国刑法》第326条第1款第4项的规定，任何从类型、性质或数量中足以产生危险的车辆即已充分满足危险的适格性。即便渗出的汽油在性质上不具有危险性，也可能因为数量或

---

① BayObLG NuR 1995, 319; OLG Koblenz NStZ-RR 1996, 9; *Fischer* § 326 Rn. 19a.
② OLG Celle NStZ 2006, 191; LG Stuttgart NStZ 2006, 291 m. Anm. *Henzler*; MüKoStGB/*Alt* § 326 Rn. 76; *Brede* NStZ 1999, 137, 138; *Kirchner/Jakielski* JA 2000, 813, 815f.; *Krell* NuR 2011, 487 ff.

者液体危险性具有危险适格性。

174　科布伦茨（Koblenz）地方法院判决指出两个问题点。法院不仅关注汽车的内管道状态，也关注危险倾向是否被排除，如汽车停在水泥路面上。还能在该判决中看到许多类似的衡量。① 从体系角度思考，立法者在《德国刑法》第 326 条第 1 款第 4 项已经明确规定了足以造成危险的标准，此外也通过迷你条款表明（尽管并不成功）（边码 188），只有在微量情形下才构成例外。② 一直存有争议的情形是，在水中才具有危险的物质只能以不沾水的方式存储。③ 应承认在某些领域，在刑事政策上采限缩性观点可能更好，尤其是在防止环境刑法进一步向微量领域的渗透上。此外，夸大个案的权衡会出现立法者所不希望的区分难题。

175　存储条件作为静态因素，面临的问题是**动态因素**如何影响预测。这些因素可能是天气，如一些垃圾只有在连阴雨天气中才足以危害环境。在废旧车辆中，第三人行为也应是普遍考虑的动态因素：如果位置不是特别偏，也具有足以造成危险的适格性。④

地方法院对两辆汽车的储油和排气装置的具体状态未作出任何决定，但认定萨博 9000 CS 型小汽车停在刚刚铺好的路面上。因而，即便小汽车溢出汽油，也不会对地表或地下水造成直接危险。（**Beispiel nach OLG Naumburg NStZ-RR 2017,13**）

---

① Vgl. *Fischer* § 326 Rn. 19a; *Kuhlen* S. 56 ff. = WiVerw 1991,181,214 ff.; NK-StGB/*Ransiek* § 326 Rn. 47 ff.
② BayObLG NJW 1989,1290.
③ Vgl. BayObLG ZfW 1989,230; JR 2001,475.
④ *Kuhlen* S. 56 ff. = WiVerw 1991,181,214f.; Sk-StGB/*Schall* Rn. 35 Vor §§ 324 ff.

判决呈现出的问题意识水平较低。即便考虑到了储存装备，在下一场雨中（作为应考虑的动态变量）流动汽油外溢的可能仍然很大，这就完全符合《德国刑法》第 326 条第 1 款第 1 项之情形 a。

以**供应链**为基础的商业模式在实践中的问题较严重。因为，实践中垃圾总是在掺杂有其他物质的中介公司——所谓的"**混合摊位**"——来回转移（参见上述边码 160）。这通常会改变垃圾链（Abfallschlüssel）。这类模式旨在模仿产品原材料的特性，或给人一种它不再是垃圾的假象（参见《德国循环经济法》以及边码 164 以下）。某些情况下，此过程非常精致且需要进行大量高难度的调查。

176

即便存在垃圾，也带来了文献中尚未讨论的问题：混合工艺对垃圾危险性带来哪些影响？若该物质本身不具有危险性，但在与其他物质混合产生危险性时，该如何处理？

（三）犯罪行为

《第 45 次刑法改革法》参照的是《欧盟环境刑法保护指令》第 3 条情形 b，即犯罪行为补充或其他经营（其他处理行为的兜底要素）危险垃圾的行为。《德国刑法》第 326 条第 1 款包括违反规定程序经营危险垃圾的**所有处理形式**。① 新规定的表述不是很好，因为经营很难被视为上位概念。这表露了立法者的意思及其表述失误。基于同样的理由，新引入的不同于《德国循环经济法》第 3 条第 10 款至第 13 款中的堆放、运输、交易、中介等行为，也不局限于商业或企业活动。因此，这 11 个要素的含义最终只是和定义妥当与否有关。

177

---

① *Kloepfer/Heger* Rn. 279, 296; *Saliger* Rn. 310; SK-StGB/*Schall* § 326 Rn. 90 f.; s. aber auch MüKoStGB/*Alt* § 326 Rn. 47,这意味着以前就几乎包括了所有行为方式。

存放，是指将垃圾集中放置在某一地点。

处置，是指不以利用为目的的任何性质或数量的改变。

回收，意味着通过替换其他材料将垃圾用于有意义的目的。

储存，是指任何临时存放。

存放，是指对垃圾进行永久性处理以最终将其处置掉。

排放，是指持有者有意使其流入外部环境中。

去除，是指任何永久性的排除或消灭，而不再利用垃圾的活动。

交易，是指垃圾买卖的商业活动。

中介，是指通过中间人促成交易活动。

怎样理解有争议的**运输**概念，对此尚不明确。有时候是在任何运输活动之下理解，有时候则理解为**国境内的地点转移**，《德国刑法》第326条第2款应是跨境运输的特别法（边码186）。①

（四）不作为的可罚性

178 《德国刑法》第326条第1款可以**不作为**方式实施。实践中，行为主体主要是监管保证人，保证人地位来源于先行行为。边码160中的垃圾粪坑案，即是德国巴伐利亚州高等法院（BayObLG）的真实判例。

被告确实没有主动沉积，水坑只是在粪便储存过程中形成的。被告违反义务的不作为（《德国刑法》第13条）符合构成要件要

---

① So *Saliger* Rn. 311; StGB/*Schall* §326 Rn. 93; a. A. offenbar NK-StGB/*Ransiek* §326 Rn. 34; auch *Heger* HRRS 2012, 211, 217, 假定这两个构成要件相互影响。

素……刑事合议庭认为,本案中储存形成水坑的情形在一定程度上属于义务违反,被告没有修好地基且没有使用用于液体粪便排放或渗漏的防护装置,致使粪便渗入地下,应认定为违反了《德国水资源法》第41条第1款第9项和第34条第2款。(**Aus BayObLG NuR 2001,118**)

先行行为的独立意义体现在不能从违反义务的先行行为中产生故意。① 保证人作为权利持有者,是否以及在何种程度上对第三人存放"**野外垃圾**"的行为负责,极富争议。因为,行为人不具有阻止他人犯罪的一般性义务,刑事责难仅存在于权利持有者未能清除垃圾之时。② 刑事责任有时则源于违反义务的先行行为。

权利持有者保证人地位来源于,他人未经授权滥用某处作为垃圾堆,而垃圾持有者以可归责的方式对"野外垃圾存放"具有贡献。这种情形之所以发生是因为权利持有者将不用(能为外人所识别)的东西存放在土地且未将其封闭。(**Aus OLG Braunschweig NStZ-RR 1998,175**)

批评意见认为,这是对第三人责任的过度扩张。③ 理由是上述判决将**土地视为危险源**。为避免与《德国垃圾处置法》产生评价矛盾,行为人同时是财产所有者和持有者,后者要求最低限度的事实支配性。④

---

① Schall NStZ 1997,577;s. auch BGHSt 36,255,258;关于司法实践中先行行为的其他例子,OLG Frankfurt NuR 1989,405(违反注意义务堆放酸性电池)。
② S. nur SK-StGB/*Schall* § 326 Rn. 110.
③ *Hecker* NJW 1992,873,876;SK-StGB/*Schall* § 326 Rn. 110. 赞同连接先行行为的也有,OLG Stuttgart ZfW 1988,248;LK-StGB/*Steindorf* § 326 Rn. 106。
④ MüKoStGB/*Alt* § 326 Rn. 126;*Hecker* NJW 1992,873,874 f.

（五）行政从属性

179　　主要通过行政法从属性来限制危险垃圾构成要件的范围过宽。只有"在规划范围之外的设备"（类型1）或"背离规定或许可程序"（类型2）的行为，才符合构成要件。这类设备，主要是指垃圾处理设备，设备类型与垃圾处置行为（包括存储行为）相关。

1. 未经许可的设备

180　　类型1主要包括利用许可范围之外的设备处置垃圾。尽管原则上设备受许可，但许可未能覆盖到相关垃圾的类型和数量时，也符合该构成要件要素。

利用被允许范围之外的设备处置垃圾，即在未经批准的情况下将垃圾填埋场用于清除受污染的橡胶碎石。尽管有行政机关的许可，但许可设备需要视所处理垃圾的类型和数量而定……本案不属于这种情形。这并非是因为只允许垃圾填埋场接受来自本地区的垃圾，但橡胶碎石来自其他地区，而是因为《德国刑法》第326条无法确保垃圾填埋场的独立性。生活垃圾处理场只负责处理生活和类似垃圾。（**Aus BGHSt 43,219**）

如果处置行为只发生在某个设备中，就会出现划界问题——根据《德国废旧车辆管理条例》（Altfahrzeug Verordnung）第4条所规定的废旧车辆的情形——行为人以其他方式处置该物品。正确的观点是这涉及类型1。[①] 刑事责任产生于未使用设备处置垃圾，即便垃圾只具有一般的危险性，也只能在为此目的而专门制造的设备中处置该垃

---

① *Krell* NuR 2011,487,488 f.; *Sack* §326 Rn. 237; a. A. OLG Celle NuR 2011,531,532.

圾。相反，"严重偏离"类型的案件只限于在设备范围之外处置，或者受许可的设备偏离了操作规程。

2. 严重背离操作流程

类型 2 规定的情形是，尽管允许在特定设备范围外处置垃圾，但缺乏特定流程。通说正确认为，即便在允许的设备范围内处置垃圾，背离规定流程也仍符合构成要件。[①] 这些流程旨在保护环境。当违反流程危害保护环境的目的时，就会被视为严重背离。[②] 实践中常见的难以处理的情形是，某一行为是被许可的，但垃圾持有者在许可范围之外活动，不过事后许可不见得就比事前许可更危险。根据《德国循环经济法》第 3 条第 10 款至第 13 款，通过《第 45 次刑法改革法》而补充的堆积、运输、交易、中介等行为属于商业性或企业运营活动。尽管通说放弃了限缩犯罪行为的定义（边码 176），但这对行政法上的义务而言意义有限。虽然行为人的行为具有商业性或属于企业经营范围，但应将这些活动报告给行政部门（《德国循环经济法》第 53 条第 1 款第 1 句）。在处理《德国循环经济法》第 3 条第 5 款所规定的危险垃圾时，堆积、运输、交易、中介行为均有许可义务（《德国循环经济法》第 54 条第 1 款）。《垃圾目录条例》（Abfallverzeichnis Verordnung）详细列举了危险垃圾目录。

如果处置特定类型的垃圾，既不需规定的设备，也没有特别的操作流程，任何未经许可的处置形式都可能符合构成要件。[③] 这仅限于认为《德国刑法》第 326 条第 1 款不属于**空白规范**立场的解释，援引

[①] OLG Karlsruhe NStZ 1990, 128; *Fischer* §326 Rn. 42; *Kuhlen* S. 61 f. = WiVerw 1991, 181, 218 f.; NK-StGB/*Ransiek* §326 Rn. 45; a. A. LK-StGB/*Steindorf* §326 Rn. 115.

[②] *Fischer* §326 Rn. 42; Schönke/Schröder/*Heine/Hecker* §326 Rn. 12; LK-StGB/*Steindorf* §326 Rn. 116.

[③] BayObLG NStZ 1989, 270; OLG Oldenburg NJW 1988, 2391; *Fischer* §326 Rn. 44; NK-StGB/*Ransiek* §326 Rn. 46.

行政法，不是为可罚性提供根据而更多是限缩（参见上文边码44）。如果涉及的是危险垃圾则没有什么明显有意义的程序，在垃圾处置的具体流程中来把握是合理的。如果能认同这一点，就很容易得出结论：如果垃圾持有者求助于公共处置公司而遭到拒绝，就会因为不具有作为可能性而不成立作为犯；否则，可适用《德国刑法》第34条。①

二 未经许可的垃圾出口（第326条第2款）

183 《德国刑法》第326条第2款旨在与所谓的**垃圾旅游**作斗争。垃圾市场中存在激烈的竞争和风险，垃圾出口到国外更是存在着巨大经济利益，失控的跨国危险垃圾运输被立法者视为特别的危险行为。故立法者在《第二次环境犯罪抗制法》中设置了《德国刑法》第326条第2款，这显然是尽可能将《德国刑法》第326条第1款无法包含的情形纳入其中。② 但该初衷并未实现，个中原因不一。首先是运输行为不成立犯罪行为。通说认为外国环境媒介不受保护，因此，即便垃圾运输的目的是到国外处理，（中途暂时性）存储不符合《德国刑法》第326条第1款。③ 这种角度的解释意义不大，排除运输也会产生一系列新问题（边码176、186）。《第45次刑法改革法》以前的规定主要是源于《欧盟环境刑法保护指令》第3条情形c第1项的《德国刑法》第326条第2款第2项，并不包含**不具有危险性的垃圾**。因

---

① SK-StGB/*Schall* § 326 Rn. 120；s. auch MüKoStGB/*Alt* § 326 Rn. 113；NK-StGB/*Ransiek* § 326 Rn. 46.

② Vgl. *Franzheim/Pfohl* Rn. 311；*Heine* FS Triffterer, S. 401, 404.

③ Vgl. *Cramer* NStZ 1995, 186 f. i. E. auch BGHSt 40, 79；krit. etwa. *Heine* FS Triffterer, S. 401, 406 f.；*Rengier* JR 1986, 34 ff.

此，从 2011 年 12 月 14 日开始就删除了《德国刑法》第 326 条所配置的正式标题"危险"。这造成垃圾刑法体系的混乱。以"不具有可观数量"的垃圾作为调解措施并不充分。① 这包括未经许可运输旧衣服或过期酸奶。实务中所凭借的是机会主义的观点。在此期间立法者又恢复了《德国刑法》第 326 条，即删除第 1 项并委之于《德国垃圾运输法》第 18 条（边码 2、144）去规定。新的正式标题中，这仍然存在。

如何解释**越境**概念，分歧很大。通说强调垃圾转移的跨境性。核心问题则是**未遂的始点**：通说认为，依据《德国刑法》第 326 条第 2 款跨境即既遂，即使靠近边界也可能是直接着手。② 实践中，高速公路上的监控开启了保护之门，除了（毫无疑问）明确表态排除未遂可罚性外，总有人会计划在下一个高速加油站停留休息。

即便从狭义角度出发，依然总是存在与不可罚的预备行为之区分难题。

184

185

A 签订了将二手大巴运往尼日利亚的合同。这批车辆中，有两辆车使用制冷剂（包含氯氟烃）R12 运行的旧冰箱。A 于 2014 年 3 月 10 日安排大巴及其货物发货。2014 年 3 月 25 日，海关人员检查车辆时发现了这两台含有氟氯烃的制冷设备。

地方法院认为，轮船启航之时即成立未遂。如果轮船尚未出发，需要具体明确 A 如何计划航线。批评意见指出，从 A 自身看他已经做好了所有准备，将以离境为目的的行动理解为接近，这是合欧盟法的

---

① S. auch SK-StGB/*Schall* §326 Rn. 126.
② Vgl. *Fischer* §326 Rn. 48a；SK-StGB/*Schall* §326 Rn. 166；nun auch Müller-Gugenberger/*Pfohl* §54 Rn. 248b(and. noch *ders.* ZWH 2013，95，98）；a. A. *Kropp* NStZ 2011，674 ff.

解释。① （OLG Hamburg NZWiSt 2016,146）

186　　该例表明《德国刑法》第326条第1款与第2款的区分难题是无解的。问题是，为什么A将旧冰箱存放于提供运输的汽车的行为不符合《德国刑法》第326条第1款。在国外处理垃圾的行为不受德国刑法干涉的观点，已不再适用。同时，国内法监管方面的问题是，上述情况是否构成第1款中的运输（边码176）。尽管对这一问题的辩驳最终是由第2款规定的。但结论很奇怪，即运输者始终处于有利地位：他们不仅可以未经许可在德国国内运输垃圾，还可以跨境运送至国外。如果可以对第1款做如此宽泛的解释，随之而来的问题就是第2款的必要性何在。这一疑问也有其他原因：在立法者看来，新《德国垃圾运输法》第18条a是《德国刑法》第326条第2款的特别规定。② 但后者是否有独立的适用范围，则不得而知。③ 在此足以预见到区分的困难（参见边码2）：立法者总体上假定《德国垃圾运输法》第18条a与《德国刑法》第330条第1款第2句第4项的一致性。但在法定刑方面，前者是5年以下自由刑，后者却高达10年。对此，应当最终通过法律来规定，且在以营利为目的的情况下不应回溯至《德国刑法》第330条第1款第2句第4项。④

三　未经运输的放射性垃圾（第326条第3款）

187　　在立法者眼中放射性垃圾非常危险，如果行为人违反行政法上的

---

① *Junck/Ogiermann* NZWiSt 2016,147 f.
② BT-Drucks. 18/8691, S. 18.
③ 原来的立法状况参见，NK-StGB/*Ransiek* § 326 Rn. 60。
④ A. A. aber LG Essen, Urt. v. 21.12.2016 – 35 KLs 26/16 (nicht veröffentlicht).

义务未能运走这些放射性垃圾，即符合《德国刑法》第 326 条第 3 款而成立犯罪。这属于**真正不作为犯**。违反的是《德国原子能法》第 9 条 a 第 2 款以及有关行政行为（《德国原子能法》第 19 条第 3 款）所施加的运走义务。

四　迷你条款（第 326 条第 6 款）

立法者在《德国刑法》第 326 条设置了微罪条款（Bagatellklausel）。通说认为第 6 款所谓的迷你条款属于**刑罚排除事由**，其前提是排除了对环境的有害影响。该条明确规定的是垃圾数量微小而不具有危险性，而不是（如误解文义）垃圾所**包含有害物质的量**。该条也不包含垃圾存储地点或垃圾类型不具有危险性的情形。正因如此，该规定**没少遭受批评**。[①] 第 6 款原则上适用于《德国刑法》第 326 条的所有规定，因此如果运输少量不具有放射性的医疗垃圾，可能不受处罚（《德国刑法》第 326 条第 3 款）。

五　未经许可启动垃圾处理设备（第 327 条第 2 款）

《德国刑法》第 327 条第 2 款第 3 项针对的是《德国循环经济法》意义下垃圾处理设备的启动者，即"未经当时有效法律之许可或未经规划确认"而启动设备的人。刑法未定义设备的概念，故一般是指《德国联邦污染物排放法》第 3 条第 5 款。该款规定的应是刑法中的设备，从中我们可以得出一个完整的具有一致性的

---

① Schönke/Schröder/*Heine/Hecker* § 326 Rn. 17；SK-StGB/*Schall* § 326 Rn. 181 f.

设备概念。

设备是指，作为一个功能单元在一定时期内具有一定规模可用于实现任何目的的设施。

190 《德国循环经济法》将垃圾处置概念作为垃圾利用和清除的上位概念（《德国循环经济法》第3条第22款）。仅就**垃圾填埋场**而言，规划确认或许可要求故意（第35条第2款第1句、第3款第2句）；垃圾处置的所有措施都在《德国联邦污染物排放法》（第35条第1款）的制度范围内。占据绝对支配地位的观点主张，《德国刑法》第327条第2款第3项的适用范围仅限于垃圾填埋场。① 即便是**土地**，也可能是垃圾填埋场。②

如果土地用于垃圾处置的目的成为其典型特征，它就是用于处理、储存或存放垃圾的垃圾处理设备。重要的是，许可的利用者或垃圾处置负责人是否确定在一定时期内在这块地上持续地处置垃圾，具有社会平均认知水平的观察者是否可识别出该地用于此类目的。（**Aus OLG Stuttgart NStZ 1991,590**）

191 区分来自于垃圾填埋场的概念。垃圾填埋场是指将土地用作处置持续性堆积物的功能性单元。**持久性堆积物**具有垃圾特性，因此应被

---

① *Fischer* § 327 Rn. 11；Müller-Gugenberger/*Pfohl* § 54 Rn. 251；*Rogall* FS Boujong S. 807, 815；*Saliger* Rn. 327；a. A. NK-StGB/*Ransiek* § 327 Rn. 13, 也将根据《德国联邦污染物排放法》纳入垃圾处理设备，但自身也强调在结论上并无不同。

② OLG Zweibrücken NJW 1992,2841,2842；OLG Stuttgart NStZ 1991,590；*Fischer* § 327 Rn. 11；Schönke/Schröder/*Heine/Hecker* § 327 Rn. 17.

完全排除在循环经济之外。如果堆积是为了回收，就不能视之为垃圾。

《德国循环经济法与垃圾处置法》第 4 条第 3 款意义下的回收，在任何情况下都无需《德国循环经济法与垃圾处置法》的许可（相反情形是《德国污染物排放控制法》），因而不符合《德国刑法》第 327 条第 2 款第 3 项。(**Aus BGHSt 59,45**)

从《德国刑法》第 327 条的语境可知区分**垃圾利用和处置**具有重要意义。二者的区别源于《德国循环经济法》第 3 条第 1 款第 2 句所规定的消极利用概念；该概念在《德国循环经济法》第 3 条第 23 款、《垃圾框架性指令》第 3 条第 15 项中均有定义。

《德国循环经济法》第 3 条第 23 款：
本法所称的回收可指任何过程，回收的主要结果是设备内或广义的经济领域中的垃圾，或者通过替换得到本应用于实现特定功能的其他材料，或借此准备实现自身功能。

因此，需要精准确认这些过程旨在追求的目的。与《德国刑法》第 327 条第 2 款第 1 项的区分并非无关紧要，《德国污染物排放控制法》中所指的须经批准的设备，规定在《德国联邦污染物排放条例》第 4 条以及《污染物排放控制法》第 4 条第 1 款第 3 句的附录中。① 因而根据《德国刑法》第 327 条第 2 款第 3 项，上文多次提及的有关污水、污泥以及堆肥案（Klärschlamm-Kompost-Fall）就不具有可罚性。《德

---

① Vgl. BGHSt 59,45,54 f.；*Saliger* Rn. 443；s. auch das Schaubild bei *Franzheim/Pfohl* Rn. 378.

国刑法》是否适用第 326 条第 2 款第 1 项也存在疑问。这可能涉及垃圾的回收利用问题,但德国联邦法院并没提供具有实践价值的线索。

垃圾中有害物质的成分不妨碍回收过程中处置措施的分类。……这意味着,区分回收和清除过程不取决于回收是否符合《德国循环经济法与垃圾处置法》第 5 条第 3 款的规定以及无害化要求……不过,根据该法第 4 条第 3 款,在垃圾有害物质含量的总体评估中,有害物质的成分可能具有标识意义。因为垃圾持有者处置这些成分——与相应的义务相对应——会增加收益。如果被告 K 将大量污泥堆肥倾倒在砾石矿而不是将地表恢复原状,这些措施就可能不符合对材料特性利用要求的主要目的。(**Aus BGHSt 59,45**)

六　附论:垃圾运营中诈骗的可罚性

193　　德国联邦法院认为,处置垃圾时需要向他人付费产生的违法性问题,可以以诈骗罪处罚。

基于合同双方相互间权利义务相当来看,公司 F 早在合同签订时,就因欺骗行为遭受了与财产损失相当的财产危险。一方面 F 有支付工资的义务。另一方面由于合同伙伴没有无条件履行将其传递给 O 公司的义务而在内部保留,因此工作绩效被索赔抵消。但是,合同约定是以 F 无法预见的风险为前提,一如案件事实对含汞拌种剂(Falisan)的处置无法符合规定:在该情形下,无法豁免垃圾持有者在公法上的处置义务,F 本应该这样做即应为履行这项义务负责。[①](**Aus**

---

　①　Insoweit in BGHSt 40,84 待版。

BGH NJW 1994,1745,1746）

为把握司法实践的范围并正确归类，应明确两个方面：第一，相关行为人往往是以商业为基础，因而可能符合《德国刑法》第 263 条第 3 款第 1 项的诈骗而被处以 3 年以上 10 年以下刑罚；第二，商业性欺诈包括《德国刑事诉讼法》第 100 条 a 第 2 款第 1 项的情形 n，但由于并未提及纯粹的环境犯罪（边码 119），因此对其进行电信监控（TKÜ）不受限制。

实体法层面应注意，在极其便宜的垃圾交易情形中，买家的欺骗尤其是垃圾持有者相应的错误可能存在疑问。假定损害也可能存在问题：如果垃圾被买家运得太远、藏得太深以至于很难被发现，那么从纯粹经济角度需考虑为什么验收服务者不应赔偿费用。如果在海中处置垃圾，更是如此。尽管垃圾持有者仍有义务，环境行政部门也不能索赔。这些情形中，后续财产损失的计算取决于如何定义损害概念，司法实践可完全参照医疗账单诈骗的做法。①

参考文献： *Alt* StraFo 2006,441; *Frenz* NVwZ 2016,1510; *Hecker* NStZ 1990,326; *ders.* NJW 1992,873; *Henzler* wistra 2002,314; *ders.* NuR 2003,270; *ders./Pfohl* wistra 2004,331; Iburg NJW 1994,894; *Kirchner/Jakielski* JA 2000,813; *Kloepfer/Heger* Rn. 275 – 315; *Krell* NuR 2009,327; *ders.* NZWiSt 2014,14; *Rogall* FS Boujong,1996,807; Sack NZV 2005; *Saliger* Rn. 264 – 327; *Schittenhelm* GA 1983,310; *Schmitz* NJW 1993,1167; *Winkelmann* JuS 1994,112

---

① Vgl. dazu Graf/Jäger/Wittig/*Dannecker* § 263 Rn. 189; AnwK-StGB/*Gaede* § 263 Rn. 143; Tiedemann Rn. 736 ff.

深化阅读：*Ahlmann-Otto*, Ines: Die Verknüpfung von deutschem und EG-Abfallwirtschaftsrecht mit dem Strafrecht, 2000; *Breuer*, Barbara: Der Im- und Export von Abfällen innerhalb der Europäischen Union aus umweltstrafrechtlicher Sicht, 1998; *Hecker*, Bernd: Die abfallstraf-und bußgeldrechtliche Verantwortlichkeit für illegale Müllablagerungen Dritter, 1991; *Hons*, Christoph: Die Grundlagen der umweltstrafrechtlichen Verantwortung für so genannte Altlasten, 2014; *Riettiens*, Harald: Die Abfallbegriff im Strafrecht, 1994

第六章　水保护刑法与土地保护刑法

一　水保护刑法

水法（也包括水保护刑法）的基本立场是，水资源在方方面面都是人类生存的基本要素；同时水法的制定也受《欧盟水资源框架性指令》（WRRL 200/60/EG）的影响。① 下面的论述限于《德国刑法》第 324 条以下条文所涉及的水保护刑法。② 特别是《德国刑法》第 324 条所规定的污染水域；同时，还有《德国刑法》第 327 条第 2 款第 1 句第 2 项至第 4 项所规定的未经许可启动为运输对水有害物质的管道设备的构成要件，以及《德国刑法》第 329 条第 2 款和第 3 款第 3 项所规定的危害保护区的构成要件；此外，也部分包括《德国刑法》第 326 条第 1 款第 4 项情形 a 规定的水资源保护刑法。③《德国刑法》第 329 条第 3 款第 4 项不属于水资源保护刑法，沼泽和池塘不属于《德国刑法》第 330 条 d 第 1 款第 1 项的水资源概念。由《第一次

---

① *Schwartmann/Pabst* Rn. 266, 268 f.; zur WRRLs. *Caspar* DÖV 2001, 529 ff.; *Knopp* NVwZ 2003, 275 ff.
② S. daneben § 314 Abs. 1 Nr. 1；《德国刑法》第 313、318 条不是水资源刑法（Vgl. zu alledem *Kloepfer/Heger* Rn. 172）。
③ So *Kloepfer/Heger* Rn. 197 f.

环境犯罪抗制法》设置的《德国刑法》第324条属于环境刑法的初始阶段，也被有意放在《德国刑法》第324条以下各条的最前面。作为《德国刑法》第324条的前身，作为旧版的《德国水资源法》第38条在1980年之前已起着重要作用。这些规定基本一致，所以以前的司法实践仍有重要意义。

（一）水污染

1. 行为对象：水

《德国刑法》第330条第1款第1项定义了环境刑法中的"水"，具体包括地表水、地下水和湖水。刑法中水的法律定义是以《德国水资源法》第3条第1至3项的定义为指引的。

《德国水资源法》第3条：

本法所称的下列概念是指：

1. 地表水：水持续或暂时地在河床流动或静止，或者自源头流出；

2. 沿海水域：潮涨潮落的海岸线之间，或者表层水至海边界、领海至海边界之间的海域；不属于联邦内陆水道地表水的向海划界由州法律规定；

2a. 海水：沿海水域以及德国专属经济区和大陆架区域内的水域，包括海床；

刑法中水概念所包含的范围较广，既包含《德国水资源法》所囊括的一些水域，也包含在水资源利用方面不算重要的小片水域，即便联邦各州依据《德国水资源法》第2条第2款第1句所规定的不属于《德国水资源法》保护的水域，也受刑法保护。此外，刑法中的水资源也包括整个公海和其他国家的沿海水域在内的整个海洋。自立法者通过《第二次环境犯罪抗制法》扩张《德国刑法》第 330 条 d 第 1 款第 1 项以来，水资源就不再局限于"本国法效力范围内"的水域。因而，《德国刑法》第 324 条原则上保护**所有的国外水域**。至于《德国刑法》第 3 条以下在个案中是否适用，是独立于该问题的另一个问题。

水域是天然存在，还是人工建造的并不重要。水渠、池塘等也属于水域，只要这些水资源能自动实现水平衡，就应归属于水域。在此脉络下，游泳池和污水处理场所等就不属于水域。① 基于水应该"或持续或暂时"于河床流动的事实，对水域存在要求**一定的持续性**。② 因此，像水坑那样暂时性的水汇聚，就不能算水域。从刑法角度看，持续性还应与法益考量结合：这可确保水域的生态功能。③

A 一开始在一块土地上的部分范围内经营一家锯木厂，工厂废水汇集于 3 个池塘。锯木厂关闭后，这些池塘变成了生物群落聚居地，成了蟾蜍、青蛙、蝾螈和黄腹蟾蜍等的栖息地，池塘周边也长起了灌木丛和桦树林。（**OLG Stuttgart NStZ 1994, 590**）

最后是**河床**。除了上文提及的水坑，其他形式的水汇聚（如洪水）也没有河床。没有河床的沼泽，同样不是水域。不过因与地下水相通，仍可以通过《德国刑法》第 324 条得到间接保护。依照立法者

---

① Vgl. OLG Köln ZfW 1989, 46（游泳池）；BayObLG JR 1988, 344 m. Anm. *Sack*（池塘）；s. auch BGH NStZ 1987, 189。

② Vgl. BVerwG NVwZ-RR 2003, 829；*Saliger* Rn. 343；SK-StGB/*Schall* § 324 Rn. 12.

③ *Heine* FS Otto, S. 1015, 1019；NK-StGB/*Ransiek* § 324 Rn. 7；Sk-StGB/*Schall* § 324 Rn. 12.

的意思，受保护的不仅是作为可流动媒介的水体自身，也包括作为有机统一体的水、河床与河岸。[①] 对于河床污染有时则需要限缩解释，即对河岸或河床的污染需要与水体有关，比如干涸的河床又注满了受污染的水。即使欧盟法不保护河床，也可以通过《第一次环境犯罪抗制法》之后的《德国刑法》第 324 条 a 实现，[②] 前提是河床适用于《德国刑法》第 324 条 a（参见边码 210）。

2. 水质污染或其他恶化

200 与《德国刑法》第 324 条 a 不同，《德国刑法》第 324 条没有叙明犯罪行为。因此，该条包括所有污染水质或引起水质恶化的行为方式，当然也包括不作为。污染是水质变坏的一种表现，是**极易识别**的水质恶化。换句话说，水污染属于水质变坏。结果定义和结果归属的共通性问题上文已经讨论过了（边码 66 以下），要再强调的是，作为关系概念的**恶化**需要一个连接点，即与水质变化相关的是水体功能。[③] 具体可呈现为物理、化学或生物等方面的功能恶化。从立法者原意看，已受污染的水域仍可能是《德国刑法》第 324 条的行为对象，也就是说本条保护的是具有**相对性的水域有机体**。实践中，可在没有对比实验的情况下证明，即便是排放极少量的有害物质也足以造成危害。

在没有对水的特性进行持续测量时，可以以法律上无异议的方式确定显著的不利变化。从自然科学角度而言，它仅基于排放物质的性质以及由排放所产生的危险。如果该物质因其自身特性即使微量排放也具有

[①] Vgl. auch BGH NuR 1984,203,204；ZfW 1991,231,233.

[②] *Heine* FS Otto, S. 1015,1018 ff.；SK-StGB/*Schall* § 324 Rn. 15；a. A. wohl *Franzheim/Pfohl* Rn. 45.

[③] OLG Frankfurt NJW 1987,2753,2755；NStZ-RR 1996,103.

毒害性，则不需要证明特定物质的排放量。（**Aus OLG Karlsruhe ZfW 1996,406**）

水质降低是否必要，对此存有争议。一方面，这一问题对于孤立的河床和河岸具有意义。另一方面，讨论衍生出另一问题，即在水里投入锐器是否符合水质降低的条件。部分学者持肯定意见，因为这会对水域中的过往船只或洗澡的人带来危险。① 尽管《德国刑法》第324 条的开放文义允许如此解释，但最好还是要求水质恶化，在水里投入锐器则明显不符。

201

水质恶化不仅由排放物质导致，也可能是由于**水位下降**损害了生态功能。② 导致**水域彻底消失**的行为，是否可以视为实施构成要件行为则存有疑问。在某些情况下，水位下降即可以得到肯定结论。这一观点也得到了认同。③ 从体系角度而言，立法者在《德国刑法》第329 条第 3 款第 3 项经将清除水域的行为置于刑罚之下，已然区分了清除和改变。也许人们会说，水域变化在概念上并不以水域的现实存在为前提。任何外部可识别的水质变化都是水污染，这是常被讨论的问题。显然，结论是否定的：水位下降在一定程度上是外部可识别的，但这里真的存在被污染的水域吗？

202

3. 未经许可

绝对支配性观点认为，《德国刑法》第 324 条中"未经许可"要素是一般的违法性要素。《德国水资源法》（第 8 条、第 10 条、第 15

203

---

① *Rengier* S. 16 ff.; *Saliger* Rn. 350; SK-StGB/*Schall* §324 Rn. 32; a. A. MüKoStGB/*Alt* §324 Rn. 29; *Kloepfer/Heger* Rn. 184; Schönke/Schröder/*Heine*/*Hecker* §324 Rn. 8.

② OLG Stuttgart NStZ 1994,590.

③ Vgl. MüKoStGB/*Alt* §324 Rn. 28; *Rengier* BT Ⅱ §48 Rn. 7; SK-StGB/*Schall* §324 Rn. 32; a. A. Lackner/Kühl/*Heger* §324 Rn. 5; *Horn* JZ 1994,1097,1098.

条、第 20 条以下以及第 68 条、第 69 条）规定了许可。不含"水法上内容"的许可（如建筑许可、经营许可等），并不充分。① 这也适用于《德国联邦水上交通法》中的船舶运输许可。先前的司法实践肯定所谓的船舶豁免权，在习惯法上允许排放特定的非厕所废水（通常和轮船类型相关），但这种情形早已时过境迁（边码 85）。因法律状况不明，实务中很难去判明是否许可排污，这些批准许可规定可能涉及土地保护，也会涉及何时以及为何保护地下水。所以，有可能不是未经许可施肥，只是依据"更优的专业实践（《德国施肥法》第 3 条第 2 款以及《德国施肥条例》）"。② 对于有待观察的有害物质浓度，《德国水资源法》许可通常包含了最高值和监测值。如果超过**最高值**，则属于未经许可排污；明显较困难的是内含**监测值**的物质。

204　　一个在技术上永远无法回避的问题是，有害物质浓度的变动情况：个别样本浓度超出一定范围仍是可容忍的。具体而言，若 5 个状态样本中的 4 个未超过阈值，可认为整体仍在阈值范围内。

《德国污水管理条例》（Abwasserverordnung）**第 6 条第 1 款：**

经国家监测的未达到本条例或水法批准规定的允许值的，仍视为符合本条例和 4 项规定的结果。前 4 例状态测试不符合相关值，未超过该值的 100％，则无需考虑已经过三年的监测。

205　　有时法院则肯定触及不受刑法容许的监测值。

---

① OLG Braunschweig ZfW 1991,52,53 ff.（经营许可）；OLG Köln NJW 1988,2119,2120（建筑许可）；s. auch SK-StGB/*Schall* § 324 Rn. 59。

② Vgl. BayObLG NuR 1984,318；SK-StGB/*Schall* § 324 Rn. 78；näher MAH AgrarR/*Köpl* § 19 Rn. 213 ff.

当 5 个样本的平均检测值不符时，可能意味着人们忽视了许可的正当化作用，水污染刑事可罚性取决于第一个样本超值是否可以被后续样本均衡化。这无异于是对刑事责任的回溯性证成，但这是为《德国基本法》第 103 条第 2 款所禁止的。（**Aus LG Bonn NStZ 1987,461**）

需要注意，德国联邦行政法院的司法实践表明，监测值为《德国水资源法》中的许可划定了界限。对这些违法行为施加刑事责任并不违反《德国基本法》第 103 条第 2 款，行为人不享有遵守阈值的好处。[①]

（二）未经许可启动输水管道设备和污水处置设备（第 327 条第 2 款第 1 句第 2 项和第 4 项）

根据《德国刑法》第 327 条第 2 款第 1 句第 2 项，未经许可而启动由《德国环境影响评估法》规定的运输对水有害物质所用的、需经批准的输水管道设备的，构成犯罪。批准要求源自《德国环境影响评估法》第 20 条、第 21 条的规定。哪些物质对水有害源自有关输水管道运输过程中有关危险物质的规定。实践中运输管道主要是指石油和天然气管道。自 2015 年 5 月 2 日开始，《德国刑法》第 327 条第 2 款第 4 项规定，未经许可启动污水处置设备具有可罚性。根据《德国刑法》第 327 条第 2 款第 2 句，未经许可启动位于欧盟其他成员国的设备时，如果符合《德国刑法》第 3 条以下的规定，也构成犯罪。

（三）侵害受保护区（第 329 条第 2、3 款）

立法者意图通过《德国刑法》第 329 条第 2 款、第 3 款——基于

[①] Schönke/Schröder/*Heine/Hecker* § 324 Rn. 12b；NK-StGB/*Ransiek* § 324 Rn. 39 ff.；LK-StGB/*Steindorf* § 324 Rn. 104；eingehend m. Beispielen *Franzheim/Pfohl* Rn. 79 ff.；zur Rspr. des BVerwG NVwZ-RR 2007,408；NVwZ 1998,104；NuR 1996,463；wie das LG Bonn dagegen *Dahs* NStZ 1987,440 f.；Lackner/Kühl/*Heger* § 324 Rn. 11；*Rudolphi* NStZ 1984,193,197.

实践经验——专门保护水资源保护区。《德国水资源法》第 51 条、第 53 条、第 62 条第 5 款对相关区域和保护措施有明确规定。《德国刑法》第 329 条第 2 款列举了受处罚的下列行为：用设备处理对水有害的物质（第 1 项），用管道输送对水有害的物质（第 2 项），或者工商企业开采鹅卵石、沙土、黏土或其他坚硬物质（第 3 项）。《德国刑法》第 329 条第 3 款第 3 项规定，在自然保护区内获取、改变或清除水域的行为，构成犯罪。所有这些情形都需要违反法规命令。《德国刑法》第 324 条所包括的公海和外国沿海水域，则不属于《德国联邦自然保护区法》的效力范围。

二 土地污染（第 324 条 a）

208　为了填补处罚漏洞，《德国刑法》通过《第二次环境犯罪抗制法》所增设的第 324 条 a，将土地与其他环境媒介置于同等地位。土地的生态功能源于两个方面：其一，土地在德国被用作日常生产生活产品；其二，土地是最主要的地下水自然过滤器，有大约 70% 的饮用水源于土地。[1] 与此同时，土地是动物的直接活动空间，也是植物的根系生长空间。该条在构成要件层面具有行政行为从属性（"违反行政法义务"）。《德国刑法》第 324 条 a 第 1 款第 2 项规定了显著性门槛，在犯罪结构上属于结果犯。第 1 项的犯罪结构归类则较为困难，通说认为是实害犯与潜在危险犯的混合。[2] 尽管《德国刑法》第 324 条 a 被设置为危险犯，但范围要窄于《德国刑法》第 324 条，出现土地污染结果——同时也是中介性结果。第 324 条

---

[1]　*Schwartmann/Pabst* Rn. 214.
[2]　MüKoStGB/*Alt* §324a Rn. 7；*Kloepfer/Heger* Rn. 209.

第六章　水保护刑法与土地保护刑法

较窄是因为仅仅产生作为行为手段的物质。《德国刑法》第 324 条 a 是否属于特别犯则争议很大,因为该条也可能由不具有公职的人员实现。① 本书认为,应当依据所违反的行政法上的义务进行区分(边码 104 以下)。第 324 条 a 第 2 款规定了未遂,第 324 条 a 第 3 款规定了过失。

(一) 行为对象:土地

《德国刑法》第 324 条 a 的行为对象是土地。刑法中的土地可参照《德国联邦土地保护法》第 2 条第 1 款:土地特指"地壳表层"。《德国联邦土地保护法》第 2 条第 2 款所述土地功能之载体,包括液体成分(土地溶液)和气体成分(土地大气),不包括地下水和水床。地基和国外土地也受保护。封闭式的垃圾填埋场也属于土地,而且它们不再受垃圾管理规定约束而受《德国联邦土地保护法》的监管。② 有一些细节问题存在分歧。刑法仅限于保护**地壳表层**的看法,有时受到批评,反对观点认为,土地深浅不是关键,《德国刑法》第 324 条第 1 款第 1 项建立在保护地下水的基础上可以清楚表明,深层土地也应受保护。③

209

特别有争议的问题是,只有行政法认为**河床**不属于土地,还是刑法也是如此?行政法排除河床,是为了避免水法和土地法的竞合。与不属于《德国循环经济法》(边码 24、146)的垃圾,不必然影响刑法的观点相类似。与该问题紧密相关的是,这是否符合事理且符合《德国基本法》第 103 条第 2 款严格意义上的禁止类推,还是已然超

210

---

① So etwa *Sack* § 324a Rn. 48.
② VGH München NuR 2003, 696; VG Braunschweig NuR 2005, 733; VG Oldenburg NuR 2005, 608; dazu jeweils *Schall* NStZ-RR 2006, 161, 163 f.
③ *Franzheim/Pfohl* Rn. 157; LK-StGB/*Steindorf* § 324a Rn. 9 f.

143

出了《德国刑法》第 324 条所包括的河床污染（边码 199）。在一定程度上，这是个两难问题：河床归属于《德国刑法》第 324 条 a，在原则上是有信服力的，唯有如此才可以按照犯罪处理。① 但这存在体系上的困难，因为《德国刑法》第 324 条 a 第 1 款第 1 项就是简单的同义反复，其刑罚威慑也因此是多余的：如果河床既属于土地又属于水域，那么以一定方式污染河床而受《德国刑法》第 324 条 a 处罚的行为，也足以危害河床。②

（二）犯罪行为

211 　　污染土地的犯罪行为，包括行为人将特定物质**埋入、渗透或释放**土地中。一如《德国刑法》第 224 条第 1 款第 1 项，此处应对物质概念作广义解释。

　　物质是所有固态、液态或气态等足以导致土地物理、化学或生物特性恶化的实体。

212 　　对具体犯罪行为也可作广义解释。立法者认为，本罪包括任何危害土地的行为。

　　埋入土地是一种有意识的、有目的的进入地表的活动，不一定是独立的行为。

　　放任渗透要素是指，不阻止土地被物质污染，以致这些物质进入或残留在土地中并继续扩散。

---

① 赞同通过《德国刑法》第 324 条 a 保护河床的观点，*Franzheim/Pfohl* Rn. 158；LK-StGB/*Steindorf* §324a Rn. 14；a. A. *Kloepfer/Heger* Rn. 212；*Saliger* Rn. 370。

② Vgl. *Kloepfer/Heger* Rn. 212.

释放是物质可以完全或部分地在环境中不受控制扩散的情形。

渗透行为在规范上属于不作为构成要件，要求行为人具有保证人地位。① 对渗透行为的讨论尤其应注意对**受污染场所**所负的刑事责任，这个问题上适用公法的严格标准会造成刑事处罚的余地过小。②

（三）犯罪结果

犯罪行为应导致土地污染或对土地作出不利的改变。概念被有意委之于《德国刑法》第 324 条从而可以过渡到相应的基本原则。恶化的连接时点取决于土地的功能定位，对此可参照《德国联邦土地保护法》第 2 条的规定。

《德国联邦土地保护法》第 2 条第 2 款：

（二）本法所称的土地包括

1. 自然功能

a）人类、动物、植物和土地生物的生存基础和栖息地，

b）部分自然平衡，尤其是其水循环和养分循环，

c）过滤、缓冲和物质转换特性、物品降解、补偿和介质累积，特别是保护地下水；

2. 兼具自然和文化历史记录的功能；

3. 使用功能

a）原材料储存，

b）居住区和娱乐区，

---

① *Fischer* § 324a Rn. 4a；erg. *Kloepfer/Heger* Rn. 215.

② Vgl. BVerfGE 102, 1；näher *Saliger* Rn. 380 ff, mit Fallösung；*Schall* NStZ-RR 2006, 161, 164 ff.

c）农林业用地，

d）其他经济和公共用途、交通、供应和处置的地方。

所有与改变土地物理、化学、生物特性相关的行为，都会造成上述功能的损害。① 这只涉及性质的改变，量的改变（如挖掘和堆积）则规定在《德国刑法》第329条第2款和第3款。

214　　土地污染通常应**足以**对人、动物、植物的健康，他人的贵重物品或者水域造成**损害**。特定价值既包括经济层面的，也包括生态层面的。这表明要成立如《德国刑法》第326条第1款第4项情形a所指的污染行为，并不需要造成具体的危险。这在其他地方也适用（边码171以下）。关键是有害物质的性质和数量及其在时间和空间方面的扩散可能性。根据《德国刑法》第324条a第1款第2项，行为不需要达到足以产生危险的程度，只需土地在一定范围内受污染即可——该要素在明确性方面存在问题。② 第2项所规定的**在一定范围内**是选择性要素，它可以是污染持续时间、空间的范围或强度。不应因为污染难以清除，就轻易得出存在严重污染的结论，因为去除微不足道的变化也会很费劲。反过来，如果污染很容易清理，则可以视为是欠缺明显变化的证据。这是因为，只有土地功能受损时才存在污染。有疑问的是第2项规定是否具有独立意义，在实践中有大量案件常常被视为符合第1项。

（四）违反行政法上的义务

215　　犯罪行为的实施应违反行政法上的义务。违反行政法上的义务作

---

① Weiter diff. *Hofmann* wistra 1997, 89, 91 f.

② *Fischer* § 324a Rn. 10; SK-StGB/*Schall* § 324a Rn. 29; s. auch Schönke/Schröder/*Heine*/Hecker § 324a Rn. 12; NK-StGB/*Ransiek* § 324a Rn. 11.

为符合构成要件和奠定处罚根据的标识，适用于边码 25 以下及边码 46 所述基本原则，特别是违反保护土地这一明确的具体义务。因此，如果土地因"日常生活中"的交通事故被污染，则"只"违反了《德国道路交通法》的一般性规定，并不具有违法性（边码 28）。显然，《德国联邦土地保护法》中的义务在刑法中并不具重要意义。① 大多数水资源保护法律条文在保护地下水的同时，在某种程度上也保护土地。这在《德国刑法》第 324 条已经提及，而且土地保护和水保护在大多数情况下的区分并不清晰，这尤其体现在《德国施肥法》和《德国污泥条例》等相应规定中。② 此外，还有很多其他不同义务在此无法一一详述。③ 如果许可要求有利于土地保护，行为人未经必要许可而行为即违反了行政法上的义务。④

参考文献：*Franzheim/Pfohl* Rn. 38 – 198；*Heine* FS Otto, 2007, S. 1015；*Kloepfer/Heger* Rn. 171 – 227；*Kuhlen* GA 1986, 389；*Hofmann* wistra 2007, 89；*Saliger* Rn. 328–382；*Sanden* wistra 1997, 283.

深化阅读：*Bartholme*, Stefan: Der Schutz des Bodens in Umweltstrafrecht, 1995；*Hofmann*, Frank: Bodenschutz durch Strafrecht?, 1996；Laski, Markus: Die strafrechtlichen Bezüge des BundesBodenschutzgesetzes, 2003；*Papier*, Hans-Jürgen: Gewässerverunreinigung, Grenzwertfestsetzung und Strafbarkeit, 1984

---

① Vgl. *Rengier* FS Brohm, S. 525 ff.；*Sanden* wistra 1997, 283, 286 ff.；SK-StGB/*Schall* § 324a Rn. 44.
② Vgl. zur AbfKlärV VG Osnabrück NuR 2003, 63；dazu *Sack* NStZ-RR 2005, 33, 35.
③ （司法实践）总括性概述，*Sack* § 324a Rn. 23c。
④ Näher MüKoStGB/*Alt* § 324a Rn. 34 ff.；krit. *Hofmann* wistra 1997, 89, 90.

第七章　污染物排放控制刑法

216　　大气和噪音污染原本一并规定在《德国刑法》第325条。因保护方向不同，《第二次环境犯罪抗制法》将二者分离，目前分别规定在《德国刑法》第325条和第325条a。此外，吸收型的重要条文还包括未经许可启动设备（《德国刑法》第327条）。根据《德国刑法》第329条第1款，在避难所和烟雾区内（《德国联邦污染物排放法》第49条第1款、第2款）违反行政法启动设备的，构成犯罪。[①] 通过汽车、有轨交通工具、空中或水上交通工具的排放行为，长期以来是不受处罚的（《德国刑法》第325条第7款、第325条a第4款、第329条第1款第3句）。这些特例在刑事政策上一直饱受批评，因为大气污染大都可以回溯至交通运输行为。[②] 但这些基本在被容许风险范围内，故没有例外的犯罪化在多大程度上是现实的，颇值怀疑。这表明，《德国刑法》在《第45次刑法改革法》颁行以后，动力交通工具不再一概不成立犯罪，也可能符合《德国刑法》第325条第2款所规定的污染物排放。立法者已经考虑到这一情况，即环境刑法指引没能预见到作为例外的动力交通工具排放污染

[①] Vgl. dazu *Saliger* Rn. 451 ff.
[②] S. nur *Franzheim/Pfohl* Rn. 202；*Saliger* Rn. 388；LK-StGB/*Steindorf* § 325 Rn. 1；*Triffterer* S. 199 f.

物。同时，哪些情形属于机动车违反行政法义务向大气中大量排放有害物质，还完全不清楚。①

一　大气污染（第325条）

《德国刑法》第325条第1款和第2款只能"在设备运转过程中"实施。第325条第1款在规范层面——如《德国刑法》第324条a第1款第1项——属于结果犯和适格犯的混合形式。《德国刑法》第325条第1款因与大气污染关联，也被称为**吸收型构成要件**。根据《德国刑法》第325条第2款，如果向大气中排放大量有害物质，则构成犯罪。一方面，这在某种程度上和《德国刑法》第324条a第1款第2项接近。另一方面，《德国刑法》第325条第2款似乎不以结果为前提，行为一经实施即犯罪成立更接近于抽象危险犯。有时这会遭受质疑，大量排放有害物质的结果使得大气改变，这涉及的是结果犯。② 值得注意的是，这两种可能性都无法被排除（边码72）。事实上，结果犯也可能是抽象危险犯，该款就属于这种情形。基于连接点是有害物质，《德国刑法》第325条第2款被称为**排放型构成要件**。③《德国刑法》第325条第3款包括设备之外的排放。只有第1款规定的情形才处罚未遂（第325条第1款第2句）。第325条第1款和第2款也可能是过失（第325条第4款）；第325条第3款"只"处罚过于自信的过失（第325条第5款）。第325条第1款——一如第2款——的前提条件

---

① Vgl. *Pfohl* ZWH 2013, 95, 97; Satzger/Schluckebier/Widmaier/*Saliger* § 325 Rn. 20; SK-StGB/*Schall* § 325 Rn. 55, 72.

② SK-StGB/*Schall* § 325 Rn. 9 entgegen *Kloepfer/Heger* Rn. 241, 246; *Saliger* Rn. 407; s. auch MüKoStGB/*Alt* § 325 Rn. 5; Maurach/Schroeder/Maiwald § 58 Rn. 56.

③ 吸收型和排放型的区分参见, *Schwartmann/Pabst* Rn. 335。

是犯罪行为"在设备运转过程中"实施。不过,根据有争议(但正确)的观点,本罪**不属于特别犯**(边码103)。

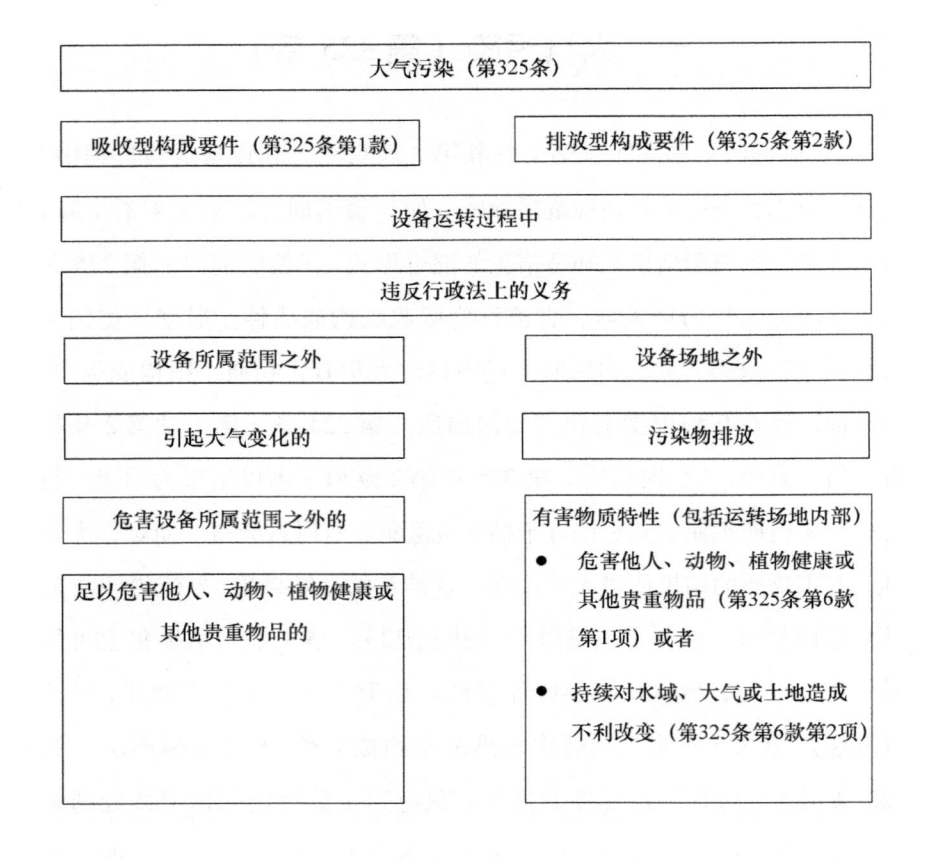

```
                    大气污染(第325条)

   吸收型构成要件(第325条第1款)      排放型构成要件(第325条第2款)

                    设备运转过程中

                    违反行政法上的义务

   设备所属范围之外                    设备场地之外

   引起大气变化的                      污染物排放

   危害设备所属范围之外的              有害物质特性(包括运转场地内部)
                                      ● 危害他人、动物、植物健康或
   足以危害他人、动物、植物健康或         其他贵重物品(第325条第6款
   其他贵重物品的                        第1项)或者
                                      ● 持续对水域、大气或土地造成
                                        不利改变(第325条第6款第2项)
```

(一)危及大气构成(第325条第1款)

1. 设备运转过程中

218　　设备是指,在一定时期内具有一定规模的、可作为一个功能单元组织的设施。设备旨在实现特定目的。不过,边码189已经提到,设备是固定的还是可移动的,是基于经营目的、生产目的抑或垃圾处理目的,均无关紧要。即便是地基,也能称为设备(比如上文边码190

中作为设备的垃圾处理场）。设备的定义明显是极端模糊的，这也意味着该定义的具体化十分困难，基本思路是设备的**技术关联性**。① 即便如此，也几乎不可能得出一个较为严谨的结论。设备包括工厂、车间、机械、装备以及车辆。此外，有些设备由《德国联邦污染物排放法》第3条第5款规定。

《德国联邦污染物排放法》第3条第5款：
（5）本法所称的设备是指

1. 场所和其他固定设施，

2. 机器、设备和其他便携式技术设备以及车辆，只要它们不受第38条的规定约束，

3. 储存或存放物质或可能实施排放作业的场地，但公共交通路线除外。

不符合设备概念中的时间要素（一定持续性）或目的要素（有规律而不是偶然的）的那些设施或场所不是这里所指的设备，缺乏技术支持的人类行为（比如锤子）等于没有东西在运转。② 后者尤其对第325条a具有重要意义（边码228）。机器或类似物通常要具备一定的持续性时间，因为人们生产或购买它们很少是为了一次性使用。只是偶尔用于材料存储或处理财产时，时间要素和目的要素可能都不具备。可以参照《德国联邦污染物排放法》第4条对设备**运转做广义解释**，即设备运转包括与设备总体功能相关联的所有活动。从设备启动一直到所有与设备运转相关的过程，如生产过程（不包括制造设备）

---

① *Kloepfer/Heger* Rn. 234；*Saliger* Rn. 400.
② Vgl. LK-StGB/*Steindorf* § 325 Rn. 17 ff.

中的活动都可包括在内。此外，也包括准备工作、运输过程、存储、包装、事故或灾难保护措施、边角料内部循环利用以及垃圾处理等活动。运转的结束是指不再实施与设备启动目的相应的行为，并且不再期待重复这些行为。①

2. 犯罪行为与犯罪结果

直到《第二次环境犯罪抗制法》，《德国刑法》第 325 条第 1 款才规定犯罪行为方式的清单。据此，该当构成要件的行为是指引起"大气自然成分的变化，尤其是释放灰尘、气体、蒸汽或有气味的物质"。该条显然参照了《德国联邦污染物排放法》第 3 条。

《德国联邦污染物排放法》第 3 条第 4 款：
本法所称的大气污染是指大气自然成分的变化，特别是由烟雾、煤烟、灰尘、气体、气溶胶、蒸汽或有气味的物质引起的变化。

1994 年以后，《德国刑法》第 325 条第 1 款要求大气变化。在简化法律文义的同时，这也使新规定包含了此前条文或者《德国联邦污染物排放法》第 3 条第 4 款无法包含的情形。《德国刑法》第 325 条也可能包括放射性大气污染，即便该污染不一定会改变大气的自然成分。第 325 条第 1 款所称的犯罪行为是污染大气的典型行为，这可在一定程度上提供指导性帮助。此外，犯罪行为和犯罪结果可参照由《德国刑法》第 324 条所发展起来的基本原则。

大气污染以大气物理、化学或生物学性质等方面的恶化为条件。

---

① Vgl. OVG Münster UPR 2006,456,457；MüKoStGB/*Alt* § 325 Rn. 24.

当大气改变足以**危害**到上述所保护的利益时——如第 326 条第 **221**
1 款第 4 项情形 a 和第 324 条 a 第 1 款第 1 项——则成立犯罪。① 问
题是各种不同的情景如何影响可罚性（参见边码 175）。② 泛泛而
论，出现偶然情况不足以否定适格性危害。即便共同受保护的法益
并未面临具体危险或受到侵害，也同样能肯定其可罚性，但个案认
定会有不同。

例如：风把污染物从一个居民点吹走了，或者动物种群因迁徙不
在受污染物影响的范围。

即便变化因素导致受保护的法益免受具体危险或损害，也只有该 **222**
情形完全是偶然时，才能排除可罚性。由于《保持大气清洁技术说
明》作为行政法规的具体化标准缺乏外部效力，其临界值仅在以下两
个方面具有指导意义：遵守临界值不一定排除刑事责任，法官不能免
于评估个别案件，即使是为了保护人类健康也可能超过阈值。③ 实害
后果应发生在"**设备所属范围之外的区域**"，而设备内区域不受保护，
该后果必须与附近区域或公众相关。只要设备所属范围之外受保护的
法益受到侵害就已充分，无需扩散很远。

3. 违反行政法上的义务

《德国刑法》第 325 条中违反行政法义务是构成要件要素，可以 **223**
确保只包含那些值得刑罚处罚的情形。其中，有很多众所周知的难
题，即《德国联邦污染物排放法》第 5 条和第 22 条的义务不具备应

---

① Vgl. OLG Karlsruhe ZfW 1996,406,407.
② Vgl. SK-StGB/*Schall* § 325 Rn. 43 f.; s. auch LK-StGB/*Steindorf* § 325 Rn. 6; enger NK-StGB/*Ransiek* § 326 Rn. 5.
③ Vgl. *Saliger* Rn. 396; Sk-StGB/*Schall* § 325 Rn. 45 f.

有的明确性。这些义务多源于《德国联邦污染物排放法》的各种规定，即便是未经许可的行为也包括在内。

（二）由设备排放的有害物质（第325条第2款）

224 《德国刑法》第325条第2款原则上处罚在**重要区域内**释放有害物质的行为。

排放有害物质是指，不论以何种方式，污染物都不受控制地在大气中扩散。

至于重要区域，人们可以参照《德国刑法》第324条a第1款第2项中的类似要素（边码214）。同时，《德国刑法》第325条第6款将重要区域限缩为被排放特定的**大量有害物质**的区域。第325条第6款第1项对应第325条第1款，① 第325条第6款第2项参照的是第325条第1款第4项情形a。在此，危险适格性主要是指**有害物质**，而不是指大气改变。② 《德国刑法》第325条第2款是与犯罪媒介相关联的适格犯。所有这些（可能）发生在"**设备场地范围之外**"，即与**户外大气**相关。设备场地比设备范围要大得多，比如配有很多设备的大厂房。就此而言，《德国刑法》第325条第2款的适用范围窄于第325条第1款。一直到《第45次刑法改革法》都要求**严重**违反行政法义务。囿于《环境刑法指南》中无此规定，立法者删除了这一限制。但对于旧案而言这仍很重要。这不影响责任程度（如轻率），但影响义务违反程度，即以轻率过失方式违反

---

① 很大程度上也包含《德国刑法》第324条a第1款第1项（水资源是例外，但也被包含在《德国刑法》第325条第6款第2项中）。

② Näher SK-StGB/*Schall* §325 Rn. 67 f.

特别重要的义务。①

（三）排放有害物质（第 325 条第 3 款）

《德国刑法》第 325 条第 3 款局限于设备运行过程中。为了落实《环境刑法指南》第 3 条 a，该条无此限制。除了第 1 款和第 2 款，立法者认为该款不应具有太大实践意义。因为大规模的排放必然涉及危险物质。第 2 款提高了构成要件的要求，即与设备相关的行为在形式上只是第 3 款的子集。在设备范围之外排放有害物质通常呈现出较低的危险性，因而《德国刑法》第 325 条第 3 款设置了低于第 2 款的法定刑。

二　制造噪音（第 325 条 a）

《第二次环境犯罪抗制法》扩张了《德国刑法》第 325 条 a 对防止噪音的保护（边码 216）。本条也包括**由设备制造**的所有噪音。第 1 款作为抽象危险犯，当噪音对健康具有潜在危险时就已经实现，但该风险应在设备以外的范围。第 2 款并没有这样的限制，因为以具体危险为前提导致该款构成要件的范围可能更窄。第 2 款和第 1 款相同，二者均不要求威胁到人，也可能危害他人之动物或贵重物品。以上两款都可以过失方式实施（第 325 条 a 第 3 款）。第 325 条不适用于机动车、有轨交通工具、飞机或船舶产生的噪音（《德国刑法》第 325 条第 4 款）。

---

① Näher MüKoStGB/*Alt* § 325 Rn. 67 f. ; LK-StGB/*Steindorf* § 325 Rn. 62 ff.

```
┌─────────────────────────────────────────────────┐
│     制造噪音（《德国刑法》第325条a）              │
└─────────────────────────────────────────────────┘

┌──────────────────────┐      ┌──────────────────────┐
│ 吸收型构成要件         │      │ 排放型构成要件         │
│ （《德国刑法》         │      │ （《德国刑法》         │
│ 第325条a）            │      │ 第325条a第2款）       │
└──────────────────────┘      └──────────────────────┘

┌─────────────────────────────────────┐
│         设备运转过程中                │
└─────────────────────────────────────┘

┌─────────────────────────────────────┐
│        违反行政法上的义务              │
└─────────────────────────────────────┘

                     ┌─────────────────────────┐
                     │    关于防止噪音等义务      │
                     └─────────────────────────┘

┌──────────────────┐
│     制造噪音       │
├──────────────────┤
│ 危害设备所属范围之外的│
├──────────────────┤         ┌──────────────────────────────┐
│  足以危害他人的健康 │         │ 对他人健康、他人动物或贵重物品   │
└──────────────────┘         │ 造成危害（也包括设备范围之内）   │
                             ├──────────────────────────────┤
                             │         具有危险性的            │
                             └──────────────────────────────┘
```

（一）危害健康的噪音（第325条a第1款）

227　《德国刑法》第325条第1款以潜在危险犯和适格犯的方式保护人身健康。是否将**闲适**（可放松性）的休养视为不可或缺的环境要素保护？这一问题引发了持续（多是学术性）的争论。

例如：岛屿周边是休闲垂钓区。A在岛屿上（违反行政法上的义务）开启能制造大量噪音的"地狱机器"，同时他也以一定措施排除了人们登岛的可能。即使在岛屿外，噪音也没强到《德国刑法》第325条规定的足以损害他人健康的程度，但是人们还是避免到岛屿周边的诸多地方，因为噪音很惹人烦。

第七章 污染物排放控制刑法

生态法益观下的说辞，有时也会将闲适性视为所保护的法益。① 反对意见认为，《德国刑法》第 325 条 a 是在强烈的人类中心论下量身定做的。此外，闲适终究不外乎是没有噪音。因此，享受（舒适的）闲适即是逃离烦人噪音的立法评价，忽视了危险至少是对健康的抽象的危险。最后，在刑事政策层面，也明显没必要做广义解释。

《德国刑法》第 325 条 a 的条件是**启动设备制造**了噪音。设备概念可参照上文边码 189。《德国刑法》第 325 条起初只考虑可能污染大气的设备，这使得《德国刑法》第 325 条 a 失去可比较的规定选项。可以肯定的是，完全不借助工具的人之行为（尖叫、吹口哨、拍手），不管力量有多大都不符合构成要件。此外，因使用了**技术**（边码 218）而被包括在内的设备，要么能放大人类自然发出的声音（扩音器、放大器、广播和电视设备），要么是具有提高噪声潜能的器械（气动锤、压缩机、电动锯、割草机等）。因为设备运行是不法组成部分，设备要素的内涵就是重要问题。就此而言，作为行为对象的设备被定义为与人身相分离的人身附属物（一如锯子或锤子）的意义不大。② 经常被讨论的临界情形是（不具有强烈技术色彩的）乐器——它们往往被归类为设备。③

设备运转制造的噪音，应足以干扰处于设备所属范围之外区域的他人之人身健康。

228

229

---

① So *Rengier* NJW 1990, 2506, 2511 f., 文中举例来源于该案; Schönke/Schröder/*Heine*/Hecker § 325a Rn. 1; a. A. *Fischer* § 325a Rn. 2; *Saliger* Rn. 424 f.; SK-StGB/*Schall* § 325a Rn. 2.
② LK-StGB/*Steindorf* § 325a Rn. 11.
③ MüKoStGB/*Alt* § 325a Rn. 6; *Fischer* § 325a Rn. 2b; Laufhütte/Möhrenschlager ZStW 92 (1980), 912, 941; SK-StGB/*Schall* § 325a Rn. 9; krit. Steinberg NuR 2007, 530 ff.

噪音被理解为可听见的波浪式声波震动，在类型、强度或持续性方面对一般性敏感的人造成干扰。

依据通说的定义，噪音不取决于个人的过度敏感性。[①] 足以造成危害要求一定程度的噪音，这要依据科学的标准来判断。噪声防护技术说明、防止噪音技术指令（TA Lärm）、休闲噪音指令（Freizeitlärmrichtlinie）、建筑业噪音（AVA）或德国工程师协会指引（VDI-RL 2058）等特别规定，对噪音的认定具有指导功能。作为关键要素的健康概念，可以依照《德国刑法》第223条解释。健康不仅包括对听力系统的直接侵害，也包括头疼和心理植物人，即因睡眠紊乱导致的病理性疲惫。无论如何，在侵害人身健康方面要有一定程度的后果。

公诉机关在调查一场长达两个半小时的音乐会中测出音量达65 dB（A）。公诉机关认为，犯罪嫌疑人的行为不足以对健康造成危险，故不符合《德国刑法》第325条。"高于65 dB（A）量级的长期声波效应是否会导致心理植物障碍，尚待观察。两个半小时的音乐会持续时间相对较短，通过监测值无论如何无法得出肯定结论。这不符合对噪声研究的认知。"（**StA Hannover NStZ 1987,175**）

在法定休息时间内，被告通过缝纫机、研磨和敲击制造的噪音，足以侵害被害人的健康。根据专家令人信服的描述，由被告制造的噪音，一方面关系到睡眠，即噪音导致人们入睡困难，另一方面在心理生理方面引起人体功能紊乱，其程度早远远超过单纯的烦扰。尤其是被害人所描述的明显且持续的声响，即便是在低分贝范围也足以持续剥夺睡眠从而损害健康。（**Aus AG Dieburg NStZ-RR**

---

① A. A. MüKoStGB/*Alt* § 325a Rn. 10；LK-StGB/*Steindorf* § 325a Rn. 6.

1998,73）

噪音除了在设备运行过程中产生影响外，也会在设备所属范围外产生影响。此外，制造噪音也违反行政法上的义务。

（二）引起噪音、震动和非电离辐射（第 325 条 a 第 2 款）

相较于《德国刑法》第 325 条第 1 款，第 2 款范围时宽时窄。宽的一面是，第 1 款也包括设备范围内的危险。这不仅由噪音引起，也可能由震动或非电离辐射引起；后者的法律定义规定在《德国网络和信息安全法》（Netz- und Informationssystemsicherheitsgesetz）第 1 条第 2 款。

《德国网络和信息安全法》第 1 条第 2 款：

非电离辐射包括：

1. 频率范围从 0 赫兹至 300 吉赫兹的电场、磁场和电磁场，
2. 波长范围从 100 纳米到 1 毫米的光辐射，
3. 频率范围从 20 kHz 至 1 GHz 的超声波。

震动是指来自固体突发性、周期性或随机性的低频性机械振动。

窄的一面是，与第 1 款不同，第 2 款中的危害不需要与人相关，也包括他人的、被遗弃的和野生的动物及他人的物品。《德国刑法》第 325 条 a 第 2 款属于具体危险犯，因而范围较窄。具体危险需要经总体判断来确定危险具有实现的盖然性，这通常只能在专家辅助下确定。《德国刑法》第 325 条 a 第 2 款并不限于设备范围之外，职业安全和健康保护也被视为行政法上的义务。

三 未经许可启动设备（第 327 条第 2 款第 1 项）

231   《德国刑法》第 327 条第 2 款第 1 项，处罚未经许可启动设备的行为。设备概念参照边码 189。对刑法中设备概念扩张的质疑在此毫无意义，无论如何都是指《德国联邦污染物排放法》所包含的设备。按照立法者的意思，这些设备具有内在的危险倾向，国家以**形式犯**（Formaldelikte）的方式监管这些设备，属于抽象危险犯。《德国刑法》第 327 条第 2 款第 1 项中的第 1 类规定了需要经过批准的设备。这些设备在《德国联邦污染物排放法》附件中有**详尽列举**（边码 192）。第 2 类则是无需经许可的设备，这些设备只是针对违反可操作禁令的行为。对于需要批准的设备，核心是未经批准的启动；当许可存在且（只是）依据《德国联邦污染物排放法》第 20 条第 1 款、第 1 款 a 和第 3 款运转暂时受到禁止时（边码 32），禁令才具有意义。（只有）在第 2 类中，为**防止危险**发生而禁止转运。《德国联邦污染物排放法》第 25 条第 2 款下的禁令，即属于这种情形；至于是否满足《德国联邦污染物排放法》第 25 条第 1 款、第 24 款则存有争议，通说持否定态度。[①]《第 45 次刑法改革法》之后，也包括欧盟任何其他成员国的设备（第 327 条第 2 款第 2 句）。[②]《德国刑法》第 327 条第 2 款第 1 项则涉及所有依照《德国联邦污染物排放法》第 4 条需要经过批准的设备。

232   《德国刑法》第 327 条第 2 款中的启动，也应作广义解释（参见上文边码 219）。不作为行为，也可能成立犯罪。许可从未被批准

[①] Schönke/Schröder/*Heine/Hecker* § 327 Rn. 15；*Saliger* Rn. 444；a. A. *Franzheim/Pfohl* Rn. 389.
[②] Vgl. dazu *Saliger* Rn. 447.

（《德国联邦污染物排放法》第21条），或有效性被撤销（《德国联邦污染物排放法》第12条第2款第1句和《德国行政诉讼法》第43条第2款），或者许可因随期限到来或未使用（《德国联邦污染物排放法》第18条第1款）而过期，同属于缺乏必要许可。

第三方救济对许可产生怎样的影响，则少有说明。这对许可可能有双重影响：有利被许可人，之于相关第三人（尤其是邻居）却是负担行政行为。不过，依据《德国行政法院法》第80条第2款第2句，邻居有权反对暂时中止许可。允许设备运行可能攸关被许可者利益，例如，根据《可再生能源法》（Erneuerbare Energien Gesetz）的规定，设备越早被投入使用的沼气厂，往往越可能无法获得补贴（《可再生能源法》第22条第2句）。为此，只要暂时启动发电机就够了，通说认为这已属于第327条的运行（边码219）。此处的问题是，这是否是未经许可而发生的。是妨碍许可的有效性，还是仅妨碍了可执行性，这在行政法上是有争议的。[①] 不过，后一种情形不必然排除可罚性。与行政法上的观点分歧无关的是，这里并不存在刑事处罚的必要性，行政机关的监管已足以保障。[②]

四 危害受保护区

根据《德国刑法》第329条第1款，在《德国联邦污染物排放法》第49条第1款、第2款**规定的自然保护区内启动设备的**，构成犯罪。设备被限制于那些《德国联邦污染物排放法》第3条第5款所规定的设备范围内。该条的实践意义有限，尤其是因为联邦各州并不

[①] Vgl. dazu *Schenke* Rn. 948 ff.
[②] 令人信服的分析参见，Sens wistra 2014,463,468。

享有《德国联邦污染物排放法》第 49 条所赋予的权力,该刑罚规范在很大程度上是无效的。本条中的设备,不包含汽车、有轨交通工具等(《德国刑法》第 329 条第 1 款第 3 句)。

参考文献: *Franzheim/Pfohl* Rn. 199 – 242; *Kloepfer/Heger* Rn. 228 – 270; *Saliger* Rn. 383 – 450.

第八章　其他条文

一　原子能刑法

原子能刑法特别包括未经许可启动核技术设备（《德国刑法》第327条第1款）和未经许可处置放射性物质（《德国刑法》第328条第1款、第2款），同时也包括未交付放射性物质的行为，边码185已经涉及。《德国刑法》第324条之下也有《德国刑法》第307条、第309条、第310条第1款第1项、第311条、第312条，但本书不再讨论了。①

（一）未经许可启动核技术设备（第327条第1款）

未经许可启动核技术设备的抽象危险性在**核技术设备**方面（《德国刑法》第330条d第1款第2项法律定义）尤为明显，这些在切尔诺贝利（1986年）和福岛核泄漏（2011年）事件等当代史中都有清晰记录。基于这些原因，《德国刑法》第327条第1款不同于官方标题所暗示的，不止于启动行为，也包括其他行为。根据《德国刑法》第327条第1款第1项，受处罚的行为包括启动核设备（类型1），还

---

① Vgl. zu ihnen etwa Müller-Gugenberger/*Pfohl* § 54 Rn. 258 ff.

有未经许可占有准备开动或关闭的核技术设备（类型2），将这些设备全部或部分拆卸（类型3）或者对这些设备做重大改变（类型4）。根据《德国刑法》第327条第1款第2项，行为人对使用核燃料的工厂或其位置做重大改变的，也构成犯罪。制造设备的行为不符合《德国刑法》第327条（可比较《德国刑法》第312条）。对所要求设备之重大改变而言，条件是提高了设备所引起的抽象危险。① 根据《德国刑法》第7条以下条文，只有在出现《德国原子能法》第9条规定的情形时，才产生作为构成要件排除事由的许可。原来的违法许可并不充分，但可以成立正当化事由。② 《德国原子能法》第19条第3款第2句第3项规定了禁令。

（二）未经许可处置放射性物质（第328条第1款、第2款）

《德国刑法》第328条第1款包括处理《德国原子能法》第2条第1款第2句所规定的核材料以及第2条第1款第1句所规定的其他危险物质。首先，这是极端冒险行为。任何未经许可的处置都应是可罚的，相应犯罪行为的范围较广泛。第1款规定的是抽象危险犯。根据《德国原子能法》第2条第3款第1句，其他放射性物质的认定也存在争论，因为国际上通常并未将不超过15克的核燃料计算在内——应"根据种类、性质或数量，其放射性足以致人死亡或严重损害他人健康，或严重损害动物、植物、水域、大气或土地的"。也有适格犯或潜在危险犯，如《德国刑法》第328条第2款就是非常异质性的规定。根据该款第1项，行为人依《德国原子能法》负有运输核燃料的义务（参见《德国原子能法》第5条第3款）而不立即运输

---

① Schönke/Schröder/*Heine/Hecker* §327 Rn. 10；*Saliger* Rn. 464 f.
② LG Hanau NJW 1988,571.

的，具有可罚性。这属于真正不作为犯。滞后运输或部分运输的行为，也受处罚。第2款将核燃料或者《德国刑法》第328条第1款第2项所规定的其他具有危险性的放射性材料交给无权得到该物品之人，或介绍交给无权得到该物品之人的（《德国原子能法》第5条第1款、《德国辐射防治条例》第69条第1款），也构成犯罪。第3项规定，引起核爆炸的行为构成犯罪。第4项包含的是对共犯的特殊规定，特别针对那些主要犯罪行为发生在国外，但不被外国认定为犯罪的行为。[1] 通说认为这是抽象危险犯。[2]

二　危险物品刑法

《德国刑法》第328条第3款将处理特别危险物品的行为设置为犯罪。第1项规定的是与设备有关的行为方式。该款要求足以危害他人健康，或者足以危害动物、植物、水域、大气、土地或者他人的贵重物品。因而，该款属于具体危险犯。

237

（一）危险物品构成要件

《德国刑法》第328条第3款第1项处罚设备运转过程中违反行政法义务而使用危险材料的行为。这首先是指放射性材料，即《德国原子能法》第2条第1款第1句所规定的核裂变材料或其他放射性材料。同时，也包括欧盟1272/2008号指令所规定的危险材料和混合材料。犯罪行为被有意规定得较为宽泛，包括被视为特别危险的行为如储存、加工和内部运输行为等。

238

---

[1] Näher MüKoStGB/*Alt* § 328 Rn. 35 ff.; Schönke/Schröder/*Heine/Hecker* § 328 Rn. 13c ff.
[2] MüKoStGB/*Alt* § 328 Rn. 2; Schönke/Schröder/*Heine/Hecker* § 328 Rn. 1,13b; krit. für die Nr. 3 *Saliger* Rn. 468 m. Fn. 57.

(二) 危险物品运输构成要件

239 《德国刑法》第 330 条 d 第 1 款第 3 项将危险物品定义在《德国危险物品运输法》效力范围内，或依据本法而制定的法律条文的适用范围内，即在国际运输中具有危险的物品。行为模式参照《德国危险物品运输法》第 2 条第 2 款。行政法义务不仅来源于《德国危险物品运输法》和具体的危险物品规定，也源于《德国职业健康安全法》或《德国刑事诉讼法》的特别规定。

三 自然保护区刑法

240 《德国刑法》第 329 条第 3 款将发生在自然保护区和国家公园中的特定行为规定为犯罪。其中，第 1 项至第 5 项是对自然景观的破坏，第 6 项至第 8 项是对保护区的侵害。这些行为都是自然明了的。第 6 项所称的动物，可参照《德国联邦自然保护法》第 7 条第 2 款第 1 项、第 10 条第 2 款第 13 项。第 7 项所称的植物，可参照《德国联邦自然保护法》第 7 条第 2 款第 2 项和第 13 项。《德国刑法》第 329 条第 4 款规定了对欧盟自然保护区的特别保护。[①] 根据《德国联邦自然保护法》第 7 条第 1 款第 8 项，保护区是指对共同体有重要意义的保护区，以及欧盟鸟类保护区。

四 释放有毒物质（第 330 条 a）

241 《德国刑法》第 330 条 a 属于规范上的异类，因为该条既不是保

---

① Vgl. dazu *Pfohl* NuR 2013, 311 ff.

护环境媒介，也不具有行政行为从属性。根据《德国刑法》第 224 条第 1 款第 1 项，有毒性概念要求足以危害人体健康。对传播或释放的要求相当，即有毒物质的扩散要达到无法控制的程度。如果某种物质由于化学反应或其他类似情形而成为有毒物质（"可能引起"），同时也要求产生具体的危险结果：有导致他人死亡或严重损害其健康的危险，或者有导致不特定多数人的健康受到损害的危险。第 2 款的内容是结果加重犯。第 4 款与第 5 款的内容是故意、过失的混合以及轻率、过失的混合。《德国刑法》第 330 条 a 不以侵害结果的发生为条件。该条包括的情形是，即便住户们未能提供健康损害因果关系的证据，如使用含有有害物质的劣质涂料油漆新建筑的镶木地板（参见边码 76），且有害物质的浓度有导致健康损害的具体危险时，只要受到损害的居民数量足够多即可适用该条。

附录一　环境刑法中的许可问题[*]

一　引言

立法者是否认可环境利用行为，通常取决于环境行政部门的许可。因而，《德国刑法》第 326 条第 2 款规定，"……未经必要的许可将第 1 款所述垃圾运入、运出或运输途经本法效力范围的"，构成犯罪。《德国刑法》第 327 条也处罚未经许可启动危害环境设备的行为，第 328 条则将未经许可交易放射性物质的行为犯罪化。但是，即使法律将"未经许可"的行为规定为犯罪，如水污染（《德国刑法》第 324 条），该"未经授权"的行为仍可以通过行政许可进行排除。

在此脉络下有两个问题特别具有争议。第一个问题涉及的情形是，行为人具备实质许可条件但未经必要的许可程序而从事影响环境的活动，是可罚的还是不可罚的？第二个问题涉及的情形是，行为人认为行政机关拒绝许可申请的行为违法，从而继续实施环境利用行为。该行为是因为未经许可具有可罚性，还是因为行为具有实质合法性而不具有可罚性？

---

[*] 作者：［德］克劳斯·罗克辛，慕尼黑大学法学院荣休教授。本文系作者为庆祝德国马普外国与国际刑法研究所前所长齐白教授 70 寿诞所作。

一言以蔽之，实体上合法（即原则上刑法允许）的环境利用行为，未提出申请或未经国家许可程序，或者拒绝许可的行政行为违法时，是否具有可罚性。下文将逐一考察这两种情形。

二 行为人具备许可资格或行政机关具有许可义务而未经许可的行为

在行政机关具有许可自由裁量权，也即（行为人只是）符合许可资格时，占据支配地位的观点肯定未经许可而污染环境行为之可罚性。① 在我的教科书中我也曾指出："以符合许可资格为由规避许可程序，是荒谬的"。② 这也是本文论述该主题的基本立场。③

沙尔（Schall）教授指出，如果完全忽视行政部门的自由裁量权，环境资源管理的难度会显著增加甚至无法实现，"况且，在没有许可申请时行政部门甚至无从知晓大量的环境利用行为"。④ 因此，依赖于行政机关许可裁量权的许可资格的情形，无需再加讨论。

具有许可义务而未经许可的情形，则充满争议。这些义务或由法律明文规定（有拘束力的行政行为），或者归结为"因不具有环境危险而将自由裁量权限缩至零"。⑤《德国污染物排放法》第 6 条第 1 款包含这一种情形："授予许可应符合以下条件：1. 确保履行了第 5 条和依据第 7 条颁布的条例中所规定的义务，以及 2. 不违反其他公法以及企业职工健康保护和设备运营的规定。"

---

① 详细论证参见 *Lüthge/Klein*，ZStW 129（2017），48（53，Fn. 23）。
② *Roxin*，Strafrecht AT I，4. Aufl. 2006，§17 Rn. 66.
③ *Lüthge/Klein*，ZStW 129（2017），48（53）；SK-*Schall*，9. Aufl. 2016，vor §§ 324 ff. Rn. 87.
④ 少数不同观点参见 *Lüthge/Klein*，ZStW 129（2017），48（54）。
⑤ *Saliger*，Umweltstrafrecht，2012，S. 50 f.

自由裁量权限缩至零的情形，如行为人将污水排放到河流中（《德国刑法》第324条第1款规定为犯罪），但企业在为相似行为时却能获得相应的许可。① 这类情形下，未经许可行为的可罚性问题极富争议；可罚与不可罚的主张均有大量支持者。最近吕特格与克莱因（Lüthge/Klein）教授也都采用了不同观点。

我在教科书中主张排除构成要件该当性："在未经许可的情形下实施本应获得许可的行为，适用客观归责的规则……是最佳方案。如果行为具有实质合法性，未经许可起不到作用。"② 兰西克（Ransiek）教授也持类似看法："所保护的法益在此未受影响，因为实现水资源保护的行政程序并不重要。实质上应允许水污染，因为行为人的行为与环境行政法是一致的。此处受惩罚的，只是未遵守实践中并不重要的程序的行为。"③

其他学者则主张成立正当化事由。鲁道菲（Rudolphi）教授认为，"如果从水法上产生了无条件允许排放特定废水的义务，那么利益（冲突）已经由法律决定了。"④ 这些情形下未经许可行为的正当性，在大气污染的刑法规定中已明确表明："与第324条一样，……在第325条的框架内应当承认无条件批准所需许可的义务是正当的"。⑤ 施密茨（Schmitz）教授也认为，"无论如何应否定那些本应获得许可之环境利用行为的法益侵害性……该行为不具有违法性"。对于"没有许可条款时，若行为符合许可实质条件即可以在没有行政介入情况下实施行为"的观点，他反驳道："这意味着重点完全放在了秩序法上，

---

① Vgl. den Fall 5 bei *Saliger*, Umweltstrafrecht（Fn. 5），S. 59.
② *Roxin* AT I（Fn. 2），§ 17 Rn. 66.
③ NK-*Ransiek*，4. Aufl. 2013，§ 324 Rn. 28.
④ *Rudolphi*，NStZ 1984，193（198）.
⑤ *Rudolphi*，NStZ 1984，248（253）.

也即环境法的所有领域都规定了违反秩序的构成要件（Ordnungswidrigkeits-Tatbestände）。"①

不过，需经许可的环境利用行为在未经许可程序时，行政机关在法律上仍负有许可义务，主流观点一直肯定其可罚性。与我以前观点不同，我认为这是正确的。与否定可罚性的观点相反，行政机关的监管程序并非只是形式，而是有效环境保护的前提和组成部分。比如，上文所援引的《德国污染物排放法》第6条表明，行政机关是否履行了批准环境利用许可的义务，取决于是否履行了来自不同法源的有关义务；如果行政部门不对这些要求进行适格性审查，就无法通过法律实现对环境的保护。我们应认识到，处理这类环境问题的行政主管部门在其他情况下要比公民个人能更好地把握全局，而公民个人基于自身利益往往倾向于认为环境利用行为具有实质合法性。

兰西克认为，监管程序相较于须经批准的情形并非无关紧要，一如施密茨所言，规避监管程序的行为，不仅是秩序违法，也有环境保护的处罚必要性。因此，通过法定监管程序的审查可以成为免于刑事处罚的理由。这对于行为人具备许可资格和行政机关具有许可义务的情形同等适用。行为人"径自"（即未经许可）实施需经必要许可的环境污染行为具有可罚性，即便在对他提起的刑事诉讼程序中证实他本应获得许可。

其他学者也在这个意义上表明了立场，我在这里只引用两位学者的最新观点。例如，沙尔即强调需经许可而未经许可之行为的可罚性，"对人和环境具有显著风险的高度复杂的设备而言，行政部门的监管程序特别重要"。② 吕特格与克莱因正确指出，"不应脱离环境法

---

① MüKo-*Schmitz*, 2. Aufl. 2013, vor § 324 Rn. 93.
② SK-StGB-*Schall*, vor §§ 324 ff. Rn. 90.

益和人类法益孤立地评估行政预防性监管的作用。行政预防性监管旨在推动法益保护。换句话说：无视事前监管，已然造成对《德国刑法》第324条以下所公认的法益……的危险。"①

所有这些观点均指向同一结论，如果有许可义务的行为人无视法律规定的行政部门的监管程序，应视为具有有关环境法益的抽象危险。即便在此后的刑事诉讼程序中证实，行政机关有批准环境利用行为的义务，作为抽象危险犯该行为的可罚性依然成立。

即便原则上认同该立场的支持者仍然存在不同观点：有主张限缩可罚性，也有主张扩张可罚性。吕特格与克莱因认为，具体危险犯或实害犯中，如果行为人符合许可资格，那么行为人绕开监管程序直接实施未经许可行为的，应成立刑罚排除事由。② 比如，《德国刑法》第324条、第324条a第1款第2项、第325条a第2款、第328条第3款。③ 在《德国刑法》第325条第2款、第3款，第326条、第327条等规定的抽象危险犯或潜在危险犯中，行为人需经许可却规避监管的行为具有可罚性，许可申请只是量刑情节。具体危险犯和实害犯中成立排除刑事责任的理由在于，这类构成要件"特别强调在事实上出现法益侵害"，因而"不存在将上述监管程序归类为独立法益的空间"。④

不过这点存在分歧。立法者在设置实害犯或具体危险犯时以环境污染的结果为连接点。监管程序旨在防止这些结果的发生。规避监管的行为在某种程度上具有抽象危险，仍具有可罚性。

萨利格（Saliger）教授则倾向于处罚未经批准但具有实质合法性

---

① *Lüthge/Klein*, ZStW 129（2017），48（64）.
② *Lüthge/Klein*, ZStW 129（2017），48（80）.
③ *Lüthge/Klein*, ZStW 129（2017），48，详述见第80页。
④ *Lüthge/Klein*, ZStW 129（2017），48（67）.

的环境利用行为；即使行为人处在行政部门的监管之下，亦然。他描述了一个相关问题："A 为自己的化工厂申请了排污许可，但申请被有关行政部门拒绝了。尽管如此，A 仍将含有有害物质的废水排放到易北河中。在与《德国刑法》第 324 条第 1 款有关的诉讼程序中证实，基于自由裁量权限缩至零，A 有权获得梦寐以求的许可。"① 他是"基于法安定性和法明确性考虑下的严格行政行为从属性"，而"提倡"处罚的。如果行为人遵守规定的监管程序而实施具有实质合法性的行为，就具备了充分的合法性根据。在这种情况下，很难解释公民只是为了遵守行政机关的违法决定，就要遭受刑罚威慑，忍受经济上的不利去启动诉讼程序。萨利格起码承认，"如果法院事后确认行为人有权获得批准，可以考虑免除刑罚。"依照本文观点，则应否定可罚性。

三 违反行政机关的违法负担行政行为但具有实质合法性的行为

这就把我们带到了尚待讨论的第二种情形。这些情形中，行为人实施的具有实质合法性的环境利用行为，违反了环境部门的违法行政行为。除了违法拒绝许可证申请的情形外，违法行政行为还包括违反其他行政部门禁令或命令的情形。与上文（本文第二部分）所处理的不受监管的环境利用行为相比，这些情形存在的问题更多。

无疑，如果负担行政行为是无效的，就不具有法律效果。这点可以从《德国行政程序法》第 43 条第 2 款第 2 句推出，"无效的行政行为不具有法律效力"。违法的行政行为，只要"未经撤销、废止或者

---

① *Saliger*, Umweltstrafrecht（Fn. 5），S. 59，Rn. 136.

以其他方式废除或者未因时效经过或其他方式而终结"(《德国行政程序法》第43条第2款第1句),它的效力仍得以维持吗?

司法实践与文献中可能占据支配地位的观点认为,对具有实质合法性的环境利用的恣意执法应当受到禁止和处罚,受影响的利益相对人可诉诸法律救济。德国联邦最高法院有判决(BGHSt 23,86 ff. 93)指出:"复议机构或行政法院事后撤销受刑法评价的行政行为,不影响已作出的行政违法行为的可罚性。"有判决(BGHSt 31,314 ff. 315)认为,可罚性"取决于行政行为的内容,与行政行为的合法性问题应严格区分开来。行政行为即便存有瑕疵,对行政相对人依然有效,行为人违反行政决定仍可能负刑事责任"。科隆地方法院特别提到了环境刑法:"在德国联邦最高法院(BGHSt 23,86 ff.)对存在争议的官方交通标识构成要件效力的基础性判决上发展起来的通说,特别适用于环境刑法中与行政法规定有关的犯罪构成要件。"①

沙尔在其新近文献中也强力支持可罚性观点,② 依据是克梅(Kemme)专著中的看法:"对违法行政行为的拘束力具有决定性作用的关键论据,是行政行为的具体化功能。行政机关行政行为的作出为公民个人设置了具有约束力的行为规范,违法的行政命令也是如此,因为这通常涉及疑难且有争议的事实或法律情况。"行政机关应当说明这些法律情况,使得必要时"行政机关的法律意见能暂时……得以落实"。③

然而,反对论者提出了至少六种论据来反对所谓的严格行政行为从属性。总体上,这使得反对意见——违反了违法的环境行政行为的

---

① wistra 1991,74 f. (75).

② SK-StGB-*Schall*, vor §§ 324 ff. Rn. 78.

③ *Kemme*, Das Tatbestandsmerkmal der Verletzung verwaltungsrechtlicher Pflichten in den Umweltstraftatbeständen des StGB,2007, S. 401.

行为不具有可罚性——更有说服力。

1. 规避行政机关的监管时即应负刑事责任这一抽象危险犯的主张，在行为人违反违法行政行为的情形并不适用。如果行为人接受监管程序且行为实质上合法，该行为的需罚性就无从谈起。

2. 理性的刑罚威慑不应维持违法的状态。与德国联邦最高法院（BGHSt 23，92）的判决不同，为什么"国家秩序的合法需要"应对一个在事后应得到国家许可的、正当性也得到法院确认的行为施加刑事处罚。如沙尔所认为的，在这中间看不到"有拘束力的行为规范"。

3. 刑罚威慑只能通过违反法律（《德国基本法》第103条第2款）而无法通过违反违法行政行为证成。"这会造成行政机关的决定成为处罚根据，尽管根据《德国基本法》第20条第4款，行政行为本身应受法律的严格约束。"[1]

4. 可随时纠正违法的负担行政行为。在行政相对人违反违法负担行政行为时，行政机关应听取相对人的申辩并纠正错误的决定，处罚那些使得违法的行政行为得以纠正的行为并不合理："否则，行政法上的效力也太过恣意了。"[2]

5. 德国联邦最高法院的判决（BGHSt 23，86 ff.）后来为很多的法院所参照，科隆地方法院也称该判决是"环境刑法的基础"。[3] 该判决涉及所有其他情况，即"未遵守官方交通标识发出的指令（判决导语1）"。行为人对此并不认同，反驳理由是"那里的禁止停车标识不利于交通安全和交通畅通（判决第86页）。"在这里对违法行为的处罚是正确的，因为交通标识适用于所有人，违规者会扰乱道路交通的有序利用。有学者正确指出："德国联邦法院针对设置有瑕疵的交

---

[1] MüKo-StGB-*Schmitz*, vor §324 Rn. 95.
[2] MüKo-StGB-*Schmitz*, vor §324 Rn. 95.
[3] wistra 1991, S. 74 f.

通标识的判决之于交通法是正确的，后来标识也被拆除了……但这不见得会适用于环境刑法。"①

6. 最后，需要注意的是，德国联邦宪法法院的判决未明确，是否将违反违法行政行为且经司法审查后应予以许可的行为作为犯罪并施加制裁。② 不过，其他法院的判决表明，法院对犯罪行为或秩序违反行为的认定依赖于行为的实质违法性。

德国联邦宪法法院在1992年12月1日的判决中指出："如果刑事法庭不问解散行为是否合法，直接根据《德国集会法》第29条第1款第2项对拒绝立即从应被解散的集会中撤出的行为施加制裁，则不符合《德国基本法》第8条。"③ 在1995年3月7日的判决中，法院认为："如果未事先充分审查申请的合法性，就根据《秩序违反法》第111条对个人未提供详细信息进行处罚，违反了《德国基本法》第2条第1款。"④ 伦吉尔（Rengier）教授对肯定可罚性观点的评价是正确的："从德国联邦宪法法院判决的某些倾向来看，通说是很难站得住脚的。"⑤

四　总结

结论是，如果行为人规避行政机关监管程序，未经批准而实施具有实质合法性的环境污染行为，应负刑事责任；但如果是因为行政机关在规定的许可要求上又加重了监管条件（而不授予许可），则不负

---

① *Arzt/Weber/Heinrich/Hilgendorf*, Strafrecht BT, 2. Aufl. 2009, § 41 Rn. 26.
② Vgl. dazu näher MüKo-StGB-*Schmitz*, vor § 324 Rn. 91.
③ BVerfG NJW 1993, 581 ff. (2. Leitsatz).
④ BVerfG NJW 1995, 3110 ff. (1. Leitsatz).
⑤ *Rengier*, Strafrecht BT II, 17. Aufl. 2016, § 47 Rn. 17.

刑事责任。

即使存在求助于行政法上的紧急程序判决的可能，也无法在行政机关违反法律拒绝批准的情形下，使未经批准但实质合法的环境利用行为的刑事责任正当化。首先，正如萨利格正确指出的，向法院上诉并不总是能帮助："比如，就算环境利用许可证在期满后的延期申请未获得批准是明显违法的，但即便是紧急程序也无法阻止企业临时停止运营。"① 其次，当违法情形的责任在于行政机关时，避免与诉讼相关的情况、费用以及延误性损失，根本无法作为犯罪化的充分理由。

不可否认，支持错误的行政监管决定排除刑事责任，会造成持续的环境污染；行为人根据《德国刑法》第324条以下条文，往往会错误地觉得自己有权利拒绝行政机关的决定，继而认为忽略行政机关的决定是正当的。在遇到疑难情形和法律问题时，行为人未咨询有经验的环境刑法律师即采取行动很容易成立间接故意；至少也面临过失犯的处罚（可以判处长期有期徒刑）。行为人应告诫自己，环境利用行为如果未能经受司法审查，是不会带来好处的。如果对确实符合环境实体法且经过法院确认的行为施加刑事制裁，就不具有合比例性。

---

① *Saliger*, Umweltstrafrecht（Fn. 5）, S. 51, Rn. 120.

附录二 环境法中相关条文对照

	原文	译文
	Atomgesetz（AtG）	《德国原子能法》
1	§ 2 Begriffsbestimmungen （1）Radioaktive Stoffe（Kernbrennstoffe und sonstige radioaktive Stoffe）im Sinne dieses Gesetzes sind alle Stoffe, die ein Radionuklid oder mehrere Radionuklide enthalten und deren Aktivität oder spezifische Aktivität im Zusammenhang mit der Kernenergie oder dem Strahlenschutz nach den Regelungen dieses Gesetzes oder einer auf Grund dieses Gesetzes erlassenen Rechtsverordnung nicht außer Acht gelassen werden kann. Kernbrennstoffe sind besondere spaltbare Stoffe in Form von 　1. Plutonium 239 und Plutonium 241, 　2. mit den Isotopen 235 oder 233 angereichertem Uran, 　3. jedem Stoff, der einen oder mehrere der in den Nummern 1 und 2 genannten Stoffe enthält, 　4. Stoffen, mit deren Hilfe in einer geeigneten Anlage eine sich selbst tragende Kettenreaktion aufrechterhalten werden kann und die in einer Rechtsverordnung bestimmt werden; der Ausdruck " mit den Isotopen 235 oder 233 angereichertes Uran" bedeutet Uran, das die Isotope 235 oder 233 oder diese beiden Isotope in einer solchen Menge enthält, dass die Summe der Mengen dieserbeiden Isotope größer ist als die Menge des Isotops 238 multipliziert mit dem in der Natur auftretenden Verhältnis des Isotops 235 zum Isotop 238.	第 2 条　定义 （1）本法所称的放射性物质（核燃料及其他放射性物质）是指含有一种或多种放射性元素的物质，同时不能忽视这些放射性元素与根据本法或依本法而制定的法令中与核能或射线装置的相关具体活动。核燃料是包含以下形式的特殊裂变材料： 　1. 钚 239 和钚 241； 　2. 富含同位素铀 235 或 233； 　3. 含有第 1 项、第 2 项中的一种或多种元素的物质； 　4. 在适当的设备下能够自我维持链式反应的物质以及在法律法规中规定的物质。"富含同位素铀 235 或 233"是指含有同位素铀 235，同位素铀 233 或同时含有这两种同位素的铀，而这两种同位素的数量之和大于同位素铀 238 的数量乘以自然界中的同位素铀 235 与 238 的比率。

附录二　环境法中相关条文对照

续表

	原文	译文
1	（3）Für die Anwendung von Genehmigungsvorschriften nach diesem Gesetz oder der auf Grund dieses Gesetzeserlassen Rechtsverordnungen gelten Stoffe, in denen der Anteil der Isotope Uran 233, Uran 235, Plutonium 239 und Plutonium 241 insgesamt 15 Gramm oder die Konzentration der genannten Isotope 15 Gramm pro 100 Kilogramm nicht überschreitet, als sonstige radioaktive Stoffe. Satz 1 gilt nicht für verfestigte hochradioaktive Spaltproduktlösungen aus der Aufarbeitung von Kernbrennstoffen.	（3）其他放射性物质是指，为了获得行政许可而使用本法或依本法制定的法规中所规定的物质，其中同位素铀233、铀235、钚239和钚241的含量均不超过15克或其总浓度不超过15g/100kg。第1句不适用于核燃料加工过程中形成的强放射性裂变液化物品。

	原文	译文
2	Bundes-Bodenschutzgesetz（BBodSchG）	《德国联邦土地保护法》
	§ 2 Begriffsbestimmungen （1）Boden im Sinne dieses Gesetzes ist die obere Schicht der Erdkruste, soweit sie Träger der in Absatz 2 genannten Bodenfunktionen ist, einschließlich der flüssigen Bestandteile（Bodenlösung）und der gasförmigen Bestandteile（Bodenluft）, ohne Grundwasser und Gewässerbetten.	第2条　定义 （1）本法所称的土地包括地壳表层以及本条第2款所称的土地功能的载体，它包括液体成分（土地溶液）和气体成分（土地大气），但不包括地下水和水床；
	（2）Der Boden erfüllt im Sinne dieses Gesetzes 　　1. natürliche Funktionen als a）Lebensgrundlage und Lebensraum für Menschen, Tiere, Pflanzen und Bodenorganismen, b）Bestandteil des Naturhaushalts, insbesondere mit seinen Wasser-und Nährstoffkreisläufen, c）Abbau-, Ausgleichs-und Aufbaumedium für stoffliche Einwirkungen auf Grund der Filter-, Puffer-undStoffumwandlungseigenschaften, insbesondere auch zum Schutz des Grundwassers,	（2）本法所称的土地包括 　　1. 自然功能 a）人类、动物、植物和土地生物的生存基础和栖息地， b）部分自然平衡，尤其是其水循环和养分循环 c）过滤、缓冲和物质转换特性，物品降解、补偿和介质累积，特别是保护地下水；
	2. Funktionen als Archiv der Natur-und Kulturgeschichte sowie	2. 兼具自然和文化历史记录的功能；
	3. Nutzungsfunktionen als a）Rohstofflagerstätte, b）Fläche für Siedlung und Erholung, c）Standort für die land-und forstwirtschaftliche Nutzung, d）Standort für sonstige wirtschaftliche und öffentliche Nutzungen, Verkehr, Ver-und Entsorgung.	3. 使用功能 a）原材料储存， b）居住区和娱乐区， c）农林业用地， d）其他经济和公共用途、交通、供应和处置的地方。

179

续表

	原文	译文
2	§ 4 Pflichten zur Gefahrenabwehr	第4条 危险预防义务
	（1）Jeder, der auf den Boden einwirkt, hat sich so zu verhalten, daß schädliche Bodenveränderungen nichthervorgerufen werden.	（1）土地作业者之行为不得对地面造成有害变化。
	（2）Der Grundstückseigentümer und der Inhaber der tatsächlichen Gewalt über ein Grundstück sind verpflichtet, Maßnahmen zur Abwehr der von ihrem Grundstück drohenden schädlichen Bodenveränderungen zu ergreifen.	（2）财产所有人、财产实际控制人有义务采取措施，防止破坏性的土地变化威胁其财产。

	原文	译文
3	Bundes-Immissionsschutzgesetz（BImSchG）	《德国联邦污染物排放法》
	§ 3 Begriffsbestimmungen （4）Luftverunreinigungen im Sinne dieses Gesetzes sind Veränderungen der natürlichen Zusammensetzung derLuft, insbesondere durch Rauch, Ruß, Staub, Gase, Aerosole, Dämpfe oder Geruchsstoffe.	第3条 定义 （4）本法所称的空气污染是指空气自然成分的变化，特别是由烟雾、煤烟、灰尘、气体、气溶胶、蒸汽或有气味的物质引起的变化。
	（5）Anlagen im Sinne dieses Gesetzes sind 1. Betriebsstätten und sonstige ortsfeste Einrichtungen, 2. Maschinen, Geräte und sonstige ortsveränderliche technische Einrichtungen sowie Fahrzeuge, soweit sienicht der Vorschrift des § 38 unterliegen, und 3. Grundstücke, auf denen Stoffe gelagert oder abgelagert oder Arbeiten durchgeführt werden, die Emissionenverursachen können, ausgenommen öffentliche Verkehrswege.	（5）本法所称的设备是指 1. 场所和其他固定设施， 2. 机器、设备和其他便携式技术设备以及车辆，只要它们不受第38条的规定约束， 3. 储存或存放物质或可能实施排放作业的场地，但公共交通路线除外。
	（6）Stand der Technik im Sinne dieses Gesetzes ist der Entwicklungsstand fortschrittlicher Verfahren, Einrichtungen oder Betriebsweisen, der die praktische Eignung einer Maßnahme zur Begrenzung vonEmissionen in Luft, Wasser und Boden, zur Gewährleistung der Anlagensicherheit, zur Gewährleistung einerumweltverträglichen Abfallentsorgung oder sonst zur Vermeidung oder Verminderung von Auswirkungen aufdie Umwelt zur Erreichung eines allgemein hohen Schutzniveaus für die Umwelt insgesamt gesichert erscheinenlässt. Bei der Bestimmung des Standes der Technik sind insbesondere die in der Anlage aufgeführten Kriterien zuberücksichtigen.	（6）本法所称的现有技术是指先进技术方法、技术设备或生产方式的发展状况，即能够控制在大气、水和土地排放阈值的、确保设备安全的环境友好型废物处置方式，或以其他方式避免或减少对环境的影响，能够对整个生态环境实现全面高效保护的合理措施。现有技术的确定，应特别注意考虑附录所列标准。

续表

	原文	译文
4	Kreislaufwirtschaftsgesetz（KrWG）	《德国循环经济法》
	§ 3 Begriffsbestimmungen (1) Abfälle im Sinne dieses Gesetzes sind alle Stoffe oder Gegenstände, derer sich ihr Besitzer entledigt, entledigen will oder entledigen muss. Abfälle zur Verwertung sind Abfälle, die verwertet werden; Abfälle, dienicht verwertet werden, sind Abfälle zur Beseitigung.	第3条 定义 (1) 本法所规定的垃圾，是指所有人丢弃、想丢弃或应丢弃的所有材料或物品。能被利用的垃圾应当回收，不能被利用的垃圾应当处理。
	(2) Eine Entledigung im Sinne des Absatzes 1 ist anzunehmen, wenn der Besitzer Stoffe oder Gegenstände einerVerwertung im Sinne der Anlage 2 oder einer Beseitigung im Sinne der Anlage 1 zuführt oder die tatsächlicheSachherrschaft über sie unter Wegfall jeder weiteren Zweckbestimmung aufgibt.	(2) 如果所有者将附件1中的材料或物品送去回收或放弃对它们的实际控制而没有后续目标，则视为第1款中的处置。
	(3) Der Wille zur Entledigung im Sinne des Absatzes 1 ist hinsichtlich solcher Stoffe oder Gegenständeanzunehmen, 1. die bei der Energieumwandlung, Herstellung, Behandlung oder Nutzung von Stoffen oder Erzeugnissen oder bei Dienstleistungen anfallen, ohne dass der Zweck der jeweiligen Handlung hierauf gerichtet ist, oder 2. deren ursprüngliche Zweckbestimmung entfällt oder aufgegeben wird, ohne dass ein neuerVerwendungszweck unmittelbar an deren Stelle tritt. Für die Beurteilung der Zweckbestimmung ist die Auffassung des Erzeugers oder Besitzers unter Berücksichtigung der Verkehrsanschauungzugrunde zu legen.	(3) 假定上述材料或物品有第1款含义内的处置意愿， 1. 在能源转换、制造、处理或使用材料、物品或服务等活动中产生但并非活动所指向的目的， 2. 其原本使用用途不再或被放弃，且未立即产生新的目的。预期用途的评估以生产者或所有者的意思为基础，并兼顾公众的意见。
	(4) Der Besitzer muss sich Stoffen oder Gegenständen im Sinne des Absatzes 1 entledigen, wenn diese nichtmehr entsprechend ihrer ursprünglichen Zweckbestimmung verwendet werden, auf Grund ihres konkreten Zustandes geeignet sind, gegenwärtig oder künftig das Wohl der Allgemeinheit, insbesondere die Umwelt, zu gefährden und deren Gefährdungspotenzial nur durch eine ordnungsgemäße und schadlose Verwertung oder gemeinwohlverträgliche Beseitigung nach den Vorschriften dieses Gesetzes und der auf Grund dieses Gesetzeserlassenen Rechtsverordnungen ausgeschlossen werden kann.	(4) 所有者必须处置第1款所指的材料或物品，如果它们不再按照其原始用途使用，或者由于具体情况可能在现在或将来危害公众尤其是环境，其潜在风险只能依照本法规定以及依本法制定的规定，通过符合规定的无害化利用或处置来清除。

续表

	原文	译文
4	（23）Verwertung im Sinne dieses Gesetzes ist jedes Verfahren, als dessen Hauptergebnis die Abfälle innerhalb der Anlage oder in der weiteren Wirtschaft einem sinnvollen Zweck zugeführt werden, indem sie entwederandere Materialien ersetzen, die sonst zur Erfüllung einer bestimmten Funktion verwendet worden wären, oder indem die Abfälle so vorbereitet werden, dass sie diese Funktion erfüllen. Anlage 2 enthält eine nicht abschließende Liste von Verwertungsverfahren.	（23）本法所称的回收是指任何过程，其主要结果是设施内或更广泛的经济中的废物，或者通过替换本应用于实现特定功能的其他材料，或通过废物的制备方式可以满足此功能。附录2包含不完全的恢复过程。
	§ 5 Ende der Abfalleigenschaft （1）Die Abfalleigenschaft eines Stoffes oder Gegenstandes endet, wenn dieser ein Recycling oder ein anderes Verwertungsverfahren durchlaufen hat und so beschaffen ist, dass 1. er üblicherweise für bestimmte Zwecke verwendet wird, 2. ein Markt für ihn oder eine Nachfrage nach ihm besteht, 3. er alle für seine jeweilige Zweckbestimmung geltenden technischen Anforderungen sowie alle Rechtsvorschriften und anwendbaren Normen für Erzeugnisse erfüllt sowie, 4. seine Verwendung insgesamt nicht zu schädlichen Auswirkungen auf Mensch oder Umwelt führt.	第5条 垃圾的终结 （1）当材料或对象的垃圾状态在经过回收过程后具有这种性质时，其垃圾状态即告终结： 1. 它通常用于特定目的， 2. 它具有市场或有需求， 3. 它符合其特定目的的技术要求的法律规定和产品应用标准， 4. 它的使用不会给人类或环境造成危害。
	§ 15 Grundpflichten der Abfallbeseitigung （2）Abfälle sind so zu beseitigen, dass das Wohl der Allgemeinheit nicht beeinträchtigt wird. Eine Beeinträchtigung liegt insbesondere dann vor, wenn 1. die Gesundheit der Menschen beeinträchtigt wird, 2. Tiere oder Pflanzen gefährdet werden, 3. Gewässer oder Böden schädlich beeinflusst werden, 4. schädliche Umwelteinwirkungen durch Luftverunreinigungen oder Lärm herbeigeführt werden, 5. die Ziele oder Grundsätze und sonstigen Erfordernisse der Raumordnung nicht beachtet oder die Belangedes Naturschutzes, der Landschaftspflege sowie des Städtebaus nicht berücksichtigt werden oder 6. die öffentliche Sicherheit oder Ordnungin sonstiger Weise gefährdet oder gestört wird.	第15条 垃圾处置的基本义务 （2）处置垃圾的方式应当不损害公共利益，尤其表现为以下情况： 1. 人身健康遭受损害， 2. 动物或植物遭受威胁， 3. 水体或土壤遭受不利影响， 4. 由空气污染或噪音引起的有害环境影响， 5. 未遵循空间规划的目的、原则和其他要求，或忽视自然保护、景区管理和城市的发展利益的； 6. 以其他方式危害或扰乱公共安全或公共秩序的。

续表

原文	译文
Wasserhaushaltsgesetz（WHG）	《德国水资源法》
§ 3 Begriffsbestimmungen Für dieses Gesetz gelten folgende Begriffsbestimmungen： 1. Oberirdische Gewässer das ständig oder zeitweilig in Betten fließende oder stehende oder aus Quellen wild abfließende Wasser；	第3条　定义 本法所称的下列概念： 1. 地表水： 水持续或暂时地在河床流动或静止，或者自源头流出；
2. Küstengewässer das Meer zwischen der Küstenlinie bei mittlerem Hochwasser oder zwischen der seewärtigen Begrenzungder oberirdischen Gewässer und der seewärtigen Begrenzung des Küstenmeeres；die seewärtige Begrenzung von oberirdischen Gewässern, die nicht 2a. Meeresgewässer die Küstengewässer sowie die Gewässer im Bereich der deutschen ausschließlichen Wirtschaftszone unddes Festlandsockels, jeweils einschließlich des Meeresgrundes und des Meeresuntergrundes；	2. 沿海水域： 潮起潮落的海岸线之间，或者表层水至海边界、领海至海边界之间的海域；不属于联邦内陆水道地表水的向海划界由州法律规定； 2a. 海水： 沿海水域以及德国专属经济区和大陆架区域内的水域，包括海床；
3. Grundwasser das unterirdische Wasser in der Sättigungszone, das in unmittelbarer Berührung mit dem Boden oder dem Untergrund steht；	3. 地下水： 与地面或地下直接接触的饱和区域的地下水域；
4. Künstliche Gewässer von Menschen geschaffene oberirdische Gewässer oder Küstengewässer；	4. 人工水域： 人造陆地的地表水或沿海水域；
§ 65 Aufgaben von Gewässerschutzbeauftragten	第65条 水资源保护监督者的职责
（1） Gewässerschutzbeauftragte beraten den Gewässerbenutzer und die Betriebsangehörigen in Angelegenheiten, die für den Gewässerschutz bedeutsam sein können. Sie sind berechtigt und verpflichtet,	（1）水资源保护监督者就对水保护的重要事项向用水企业和员工提出建议，有如下权利和义务：
1. die Einhaltung von Vorschriften, Nebenbestimmungen und Anordnungen im Interesse des Gewässerschutzes zu überwachen, insbesondere durch regelmäßige Kontrolle der Abwasseranlagen im Hinblick auf die Funktionsfähigkeit, den ordnungsgemäßen Betrieb sowie die Wartung, durch Messungen des Abwassers nach Menge und Eigenschaften, durch Aufzeichnungen der Kontroll-und Messergebnisse；sie haben dem Gewässerbenutzer festgestellte Mängel mitzuteilen und Maßnahmen zu ihrer Beseitigung vorzuschlagen；	1. 监测有关保护水的法规、细则和命令的遵守情况，特别是根据废水的数量和性质测量定期检查废水系统的功能、正常运转和维护，通过控制和测量结果的记录，将发现的任何缺陷告知用户并提出补救措施；

续表

	原文	译文
5	2. auf die Anwendung geeigneter Abwasserbehandlungsverfahren einschließlich der Verfahren zur ordnungsgemäßen Verwertung oder Beseitigung der bei der Abwasserbehandlung entstehenden Reststoffehinzuwirken;	2. 充分合理利用废水处理工艺，包括正确回收或处置废水处理产生残留物的工艺；
	3. auf die Entwicklung und Einführung von a）innerbetrieblichen Verfahren zur Vermeidung oder Verminderung des Abwasseranfalls nach Art und Menge, b）umweltfreundlichen Produktionen hinzuwirken;	3. 开发和引进 a）能够在类型和数量方面排除或减少产生废水的内部程序， b）环境友好型产品；
	4. die Betriebsangehörigen über die in dem Betrieb verursachten Gewässerbelastungen sowie über die Einrichtungen und Maßnahmen zu ihrer Verhinderung unter Berücksichtigung der wasserrechtlichen Vorschriften aufzuklären.	4. 将公司造成的水污染以及水资源法规定的防止污染的设备和措施告知企业工作人员。

法律法规名称

序号	德文简称	德文全称	中文名称
1.	1. UKG	Ersten Gesetz zur Bekämpfung der Umweltkriminalität	《第一次环境犯罪抗制法》
2.	2. UKG	Zweite Gesetz zur Bekämpfung der Umweltkriminalität	《第二次环境犯罪抗制法》
3.	AbfVerbrG	Abfallverbringungsgesetz	《德国垃圾运输法》
4.	AtG	Atomgesetz	《德国原子能法》
5.	BBodSchG	Bundes-Bodenschutzgesetz	《德国联邦土地保护法》
6.	BImSchG	Bundes-Immissionsschutzgesetz	《德国联邦污染物排放法》
7.	BImSchV	Bundesimmissionsschutzverordnung	《德国联邦污染物排放条例》
8.	BNatSchG	Bundesnaturschutzgesetz	《德国联邦自然保护法》
9.	ChemG	Chemikaliengesetz	《德国化学品管理法》
10.	DüngeG	Düngegesetz	《德国施肥法》
11.	DüV	Düngeverordnung	《德国施肥条例》
12.	GefStoffV	Gefahrstoffverordnung	《德国危险物品条例》
13.	GG	Grundgesetz für die Bundesrepublik Deutschland	《德国基本法》
14.	GGbefG	Gefahrgutbeförderungsgesetz	《德国危险物品运输法》
15.	KrW-/AbfG	Kreislaufwirtschafts-und Abfallgesetz	《德国循环经济与垃圾处置法》
16.	KrWG	Kreislaufwirtschaftsgesetz	《德国循环经济法》

续表

序号	德文简称	德文全称	中文名称
17.	StPO	Strafprozeßordnung	《德国刑事诉讼法》
18.	VwGO	Verwaltungsgerichtsordnung	《德国行政法院法》
19.	VwVfG	Verwaltungsverfahrensgesetz	《德国行政诉讼法》
20.	WHG	Wasserhaushaltsgesetz	《德国水资源法》

关键词索引

	德文关键词	中文译法	边码
1	Abfall		垃圾
2	- Abfallbesitzer	-垃圾持有者	147, 148, 181, 182, 192, 193, 194
3	- Abfalltourismus	-垃圾旅游	183
4	- Autowrack	-汽车残骸	154
5	- Begriff	-概念	91, 143, 145, 146, 147, 148, 149, 151, 153, 154, 156, 160, 161
6	- Ende der Abfalleigenschaft	-垃圾的终止时点	164
7	- Entledigungswille	-处置意愿	145, 146, 147, 148, 151, 152, 153
8	- Gefährlichkeit	-危险性	144, 156, 173, 176, 180
9	- Nebenprodukt	-副产品	152, 160
10	- Nebenprodukte	-副产品	158
11	- objektiver	-客观的	151, 164
12	- Oldtimer	-古董车案	155
13	- radioaktiver	-强放射性	170
14	- subjektiver	-主观的	147, 150, 151, 156, 164

续表

	德文关键词	中文译法	边码
15	– Verwertung	–利用	145，146，151，157，160，177，190，192
16	– zur Beseitigung	–清除	145，180
17	Abfallentsorgungsanlage	垃圾处理设备	102，144，179，189，190
18	Abfallverbringungsgesetz（AbfVerbrG）	德国垃圾运输法	2，144，183，186
19	Abfallverzeichnis-Verordnung（AVV）	垃圾目录条例	181
20	Allgemeindelikt	普通犯	105
21	Altlasten	受污染场所	212
22	Amtsträger	公职人员	
23	– als Anlagenbetreiber	–设备运营者	101，103，106
24	– Garantenstellung bei Unterlassen siehe Garantenstellung	–不作为的保证人地位（参见保证人地位）	
25	– in Umweltbehörden	–环境部门	135
26	Anlage	设备	
27	– Begriff	–概念	189
28	– genehmigungsbedürftige	–经许可	206
29	– kerntechnische	–核技术	234，235
30	– unerlaubter Betrieb	–未经许可启动	195，206，216，231，234，235
31	– wesentliche Änderung	–实质改变	59
32	– Atomgesetz（AtG）	–《德国原子能法》	94，125，170，187，235，236，238
33	Bagatellproblematik	微罪问题	
34	– Erheblichkeitsschwelle	–显著性门槛	69，70，71，72，78，83，208
35	– Minima-Kausel	–迷你条款	174，188
36	– Minima-Kausel bei §326	–《德国刑法》第326条迷你条款	188

续表

	德文关键词	中文译法	边码
37	– Erheblichkeitsschwelle bei §324a	–《德国刑法》第324条a的显著性门槛	208
38	Bestimmtheit	明确性	223
39	Betreiberdelikte	运营犯	101，103
40	– Auch-Betriebsbeauftragter	– 兼任运营官	120
41	– Nur-Betriebsbeauftragter	– 专任运营官	120
42	Betrug	诈骗	193
43	Beweisprobleme	证明问题	66
44	Blankettstrafgesetz	**空白刑法**	
45	– echtes und unechtes	– 真正与不真正	41
46	– statische und dynamischen Verweisung	– 静态指引与动态指引	41
47	Bodenverunreinigung	**土地污染**	
48	– Boden	– 土地	213
49	– Tathandlung	– 污染土地的犯罪行为	211
50	Bundesbodenschutzgesetz（BBodSchG）	《德国联邦土地保护法》	23，24，27，46，209，213，215
51	Bundesimmissionsschutzgesetz（BImSchG）	《德国联邦污染物排放法》	23，24，30，55，59，62，94，106，120，189，190，216，218，219，220，223，231，232，233
52	– Bundensnaturschutzgesetz（BNatSchG）	–《德国联邦自然保护法》	41，98，240
53	Chemikaliengesetz（ChemG）	《德国化学品法》	142
54	– Deponie	– 填埋（场）	180，190，191，209
55	– Duldung	– 容忍	19，64，65，92
56	– aktive	– 积极的	63，65
57	– passive	– 消极的	63
58	Einwilligung siehe Rechtfertigung	同意（正当化事由）	11，65
59	Erfolg	结果	66，67

续表

	德文关键词	中文译法	边码
60	– Erfolgsdefinition	– 结果定义	67,200
61	Ermessen	裁量	126,127
62	– Ermessensreduzierung auf Null	– 自由裁量权限缩至零	126,127,138
63	Fahrlässigkeit	过失犯	
64	– Schutzzweckzusammenhang	– 保护目的关联	96
65	– Technikklauseln	– 技术条款	94
66	– Fehlerhaftes Verwaltungshandeln	– 瑕疵行政行为	29
67	Fomaldelikt	形式犯	231
68	Garantenstelung	保证人地位	
69	– bei Amtsträgern	– 公职人员	134,136,138,139,140
70	– bei Betriebsbeauftragten	– 运营官	120,121,122,141
71	– bei Verantwortlichkeit in Unternehmen	– 企业的刑事责任	107
72	– Beschützergarant	– 保护保证人地位	134
73	– Ingerenz	– 先行行为	134,135,136,137,139,178
74	– Überwachergarant	– 监督保证人地位	139
75	Gefährdungsdelikt	危险犯	
76	– abstraktes	– 抽象危险犯	6,14,16,58,61,66,72,73,143,173,217,226,231,236
77	– Eigungsdelikt	– 适格犯	71,171,217,224,227,236
78	– konkretes	– 具体危险犯	61,97,230,237
79	Gefahrgutbeförderungsgesetz (GGBefG)	《德国危险物品运输法》	120,239
80	Genehmigung	许可	
81	– Genehmigungsfiktion	– 许可证	62
82	– nichtige	– 无效许可	129

续表

	德文关键词	中文译法	边码
83	- Rechtsbehelf eines Dritten	- 第三方救济	232
84	- rechtswidrige	- 违法许可	56，133，136，235
85	- wasserrechtliche	- 水资源法许可	124
86	Genehmigungsfähigkeit	许可资格	59，64
87	Genehmigungspflichtigkeit	许可义务	60
88	Gesetzlichkeitsprinzip	合法性原则	161
89	- Bestimmtheitsgebot	- 明确性要求	25
90	- Analogieverbot	- 禁止类推	210
91	- Bestimmtheitsgebot	- 明确性原则	25
92	Gesundheit	健康	9
93	- Rechtsgut	- 法益	7，60
94	Gesundheitsschädigung	危害健康	168
95	Gewässerbett	河床	199，201，210
96	Gewässerverunreinigung	水污染	
97	- Gewässer	- 水域	196
98	- Tathandlung	- 水资源犯罪	200，206，207
99	- Minus an Wassergüte	- 水质降低	201
100	- Überwachungswerte	- 监测值	203
101	Gift	有毒物质	168，241
102	- Begriff	- 有毒性概念	241
103	Grenzwert	阈值	204，205，222
104	Holzschutzmittel-Urteil	山羊毛案判决	74
105	Informelles Verwaltungshandeln siehe Duldung	非正式行政行为（容忍）	63，64
106	- Tatumstandirrtum	- 事实错误	89
107	- Variantenirrtum	- 类型错误	87
108	- Verbotsirrtum	- 禁止错误	17，62，64，89，91，92，95，130

续表

	德文关键词	中文译法	边码
109	Kausalität	因果关系	
110	- alternative	- 选择性	77，80
111	- Beweisschwierigkeiten	- 证明困难	14，74
112	- generelle	- 一般性	75，76，147
113	- Gremienentscheidungen siehe Täterschaft，Mittäter	董事会决议（正犯与共犯）	79，81
114	- kumulative	- 累积性	70，78，79，80
115	- naturwissenschaftliche	- 自然科学意义	66，75
116	Klimaschutz	气候保护	15
117	Kumulationsdelikt	累积犯	67，70，71，72，82，83
118	Kumulationseffekte	累积性效应	70，77
119	Landwirtschaft	农业	44
120	Lärm	噪音	5，103，104，156，216，226，227，228，229，230
121	- rekreative Ruhe	- 闲适的休养	227
122	- Verursachen von	- 制造	226
123	Lederspray-Entscheidung	皮革喷雾剂案判决	108
124	Luftverunreinigung	大气污染	
125	- Außenluft	- 户外大气	224
126	- Schädigungseignung	- 适格性危害	221
127	- taterfolg	- 犯罪结果	220
128	- Tathandlung	- 犯罪行为	220
129	- Verletzung verwaltungsrechtlicher Pflichten	- 违反行政义务	43
130	Minima-Klause siehe Bagatellproblematik	迷你条款（微罪问题）	174，188
131	- bei Gremienentscheidungen	- 董事会决议	79，81
132	Mittelbare Täterschaft	间接正犯	110，111，112，113，114，122，128，129，130，131

续表

	德文关键词	中文译法	边码
133	– kraft Organisationsherrschaft	– 组织支配下	111
134	Naturschutzgebiet	自然保护区	207
135	Naturschutzstrafrecht	自然保护区刑法	240
136	Normspaltung	规范缝隙	23
137	Objektive Zurechnung	**客观归责**	
138	– Gesamterfolgszurechnung	– 整体性结果归责	83
139	– Prinzip der Eigenverantwortlichkeit	– 自我负责原则	83
140	– Prioritätsprinzip	– 优先性原则	83
141	– Schutzzweckzusammenhang	– 规范保护目的关联	96
142	– Vertrauensgrundsatz	– 信赖原则	83, 116
143	Ordnungsunrecht	秩序违反	60
144	Organ – und Vertreterhaftung	组织体责任与组织代表责任	102
145	Organnisationsdelikt, uneigentliches	组织犯（不真正的）	115
146	Pflichtenkollision	义务冲突	86
147	Radioaktive Stoffe	放射性物质	26, 61, 146, 234, 236
148	Rechtfertigung	正当化事由	
149	– Einwilligung	– 同意	11, 65
150	– rechtfertigender Notstand	– 正当化紧急避险	85
151	Rechtsgut	**法益**	
152	– Begriff	– 法益概念	7, 8
153	– vermittelnde Auffassung	– 折中观点	10
154	– administrative Bestimmung	– 行政规定	47
155	– individuelles	– 个别的	107
156	– Rechtsmissbrauch	– 权利滥用	49, 52, 55, 128
157	– Missbrauchshandlung	– 滥用行为	53, 54, 55

续表

	德文关键词	中文译法	边码
158	Sonderdelikt	特别犯	101, 208, 217
159	Stand der Technik	技术状态	94
160	TA Lärm (Technische Anleitung zum Schutz gegen Lärm)	噪声防护技术说明	229
161	TA Luft (Technische Anleitung zur Reinhaltung der Luft t)	保持大气清洁技术说明	25, 222
162	Tatbestand	构成要件	
163	– Funktion	– 功能	37
164	– Unrechtstypisierung	– 不法类型	69
165	Tätige Reue	积极悔罪	97
166	UKG	《环境犯罪抗制法》	
167	– erstes	– 《第一次环境犯罪抗制法》	1, 2, 16, 195, 199
168	– zweites	– 《第二次环境犯罪抗制法》	2, 11, 22, 49, 52, 183, 197, 208, 216, 220, 226
169	ultima ratio	最后手段	4
170	Umweltstrafrecht	环境刑法	
171	– als Wirtschaftsstrafrecht	– 经济犯罪	16
172	– in engeren Sinne	– 狭义	5
173	– im weiteren Sinne	– 广义	5
174	– Kritik	– 批评	13, 14, 15, 19, 21
175	– Praxis	– 实践	13
176	– Systematik	– 体系	5, 10
177	Unfall im Straßenverkehr	交通事故	96
178	Unterlassen	不作为	
179	– bei Amtsträgern	– 公职人员	141
180	– bei Betriebsbeauftragten	– 企业运营	121
181	– Geschäftsherrenhaftung	– 企业主责任	116, 117

续表

	德文关键词	中文译法	边码
182	Verantwortlichkeit in Unternehmen	企业责任	
183	− Generalverantwortlichkeit	− 一般责任	108
184	− horizontal	− 水平的	108
185	− Ressortverantwortlichkeit	− 部门责任	108，118
186	− vertikal	− 垂直的	110
187	Verbotsirrtum	禁止错误	17，62，64，89，91，95，130
188	− Vermeidbarkeit	− 可避免性	26，91，95
189	Verfassungsrecht	宪法	7
190	Verletzungsdelikt	实害犯	61，68
191	Versuch	未遂	
192	− bei fehlendem subjektiven Rechtfertigungselement	− 欠缺主观的正当化要素	65
193	− bei Gremienentscheidungen	− 董事会决议	79，81
194	− des Verbringen	− 越境	184
195	− untauglicher	− 不能	54
196	Verwaltungsakt	行政行为	
197	− begünstigender	− 授权	38
198	− belastender	− 负担性	19，30，31，57，58，59，60，64
199	− nichtiger	− 无效	49，52，56
200	− rechtswidriger	− 违法	19，29，49，51，52，54，57，58，59，60，64
201	− vollziehbarer	可执行的	31
202	Verwaltungsakzessorietät	行政从属性	
203	− Begriff	− 行政从属性的概念	22
204	− begriffliche Akzessorietät	− 概念从属性	23
205	− Erscheinungsform	− 行政从属性的表现形式	23
206	− Gründe	− 行政从属性的根据	21，50

续表

	德文关键词	中文译法	边码
207	– Kritik	– 对行政从属性的批评	15，39
208	– Unionsrechtsakzessorietät	– 欧盟法从属性	36
209	– Verwaltungsaktakzessorietät	– 行政行为从属性	29，37，48，49，51，57
210	– Verwaltungsrechtsakzessorietät	– 行政法从属性	25，44，145，179
211	Verwaltungsnormakzessorietät	行政规范从属性	51，61
212	Verwaltungsungehorsam siehe Ordungsunrecht	行政不服从（秩序违反法）	59
213	Vorsatz	故意	20，87，88，89，99
214	Wahndelikt	幻觉犯	54
215	Wasserhaushaltsgesetz（WHG）	德国水资源法	23，24，46，86，92，94，105，120，121，142，178，195，196，197，203，205，207
216	Widerspruchsfreiheit der Rechtsordnung	法秩序统一性	3
217	Zwangabfall siehe Abfall：objektiver	强制性（或客观的）垃圾	153，157

参考文献

Achenbach/Ransiek/Rönnau（Hrsg.），Wirtschaftsstrafrecht，4. Aufl. 2015（Achenbach/Ransiek/Rönnau/*Bearbeiter*）

Berndt/Theile，Unternehmensstrafrecht und Unternehmensverteidigung，2016（*Berndt/Theile*）

Beulke，Strafverfahrensrecht，13. Aufl. 2016（*Beulke*）

Detterbeck，Allgemeines Verwaltungsrecht，15. Aufl. 2017（*Detterbeck*）

Dombert/Witt（Hrsg.），Münchener Anwaltshandbuch Agrarrecht，2. Aufl. 2016（MAH AgrarR/*Bearbeiter*）

Fischer，Strafgesetzbuch，64. Aufl. 2017（*Fischer*）

Franzheim/Pfohl，Umweltstrafrecht，2. Aufl. 2001（*Franzheim/Pfohl*）

Graf/Jäger/Wittig（Hrsg.），Wirtschafts-und Steuerstrafrecht，2. Aufl. 2017（Graf/Jäger/Wittig/*Bearbeiter*）

Hecker，Europäisches Strafrecht，5. Aufl. 2015（*Hecker*）

Jescheck/Weigend，Strafrecht Allgemeiner Teil，5. Aufl. 1996（*Jescheck/Weigend*）

Kloepfer/Heger，Umweltstrafrecht，3. Aufl. 2014（*Kloepfer/Heger*）

Kloepfer/Vierhaus，Umweltstrafrecht，2. Aufl. 2001（*Kloepfer/Vierhaus*）

Krey/Esser，Strafrecht AT，6. Aufl. 2016（*Krey/Esser*）

Kudlich/Oğlakcıoğlu, Wirtschaftsstrafrecht, 2. Aufl. 2014 (Kudlich/*Oğlakcıoğlu*)

Kühl, Strafrecht AT, 8. *Aufl.* 2017 (Kühl)

Kuhlen, Umwelfstrafreeht in Deutschland und Österreich, 1994 (Kuhlen)

Lackner/Kühl (Hrsg.), Strafgesetzbuch, 28. Aufl. 2014 (Lackner/Kühl/ Bearbeiter)

Leipoid/Tsambikakis/Zöller (Hrsg.), Anwaltkommentar StGB, 2. Aufl. 2015 (Anwk-StGB/*Bearbeiter*)

Leipziger Kommentar, Strafgesetzbuch, Band 1, 12. Aufl. 2007, Band 8, 11. Aufl. 2005 (LK-StGB/*Bearbeiter*)

Matt/Renzikowski (Hrsg.), Strafgesetzbuch, 2011 (Matt/Renzikowski/ Bearbeiter)

Maunz/Dürig (Hrsg.), Grundgesetz, Loseblatt, Stand: Dezember 2016 (Maunz/Dürig/*Bearbeiter*)

Maurach/Gössel/Zipf (Hrsg.), Strafrecht Allgemeiner Teil 2, 8. Aufl. 2014 (Maurach/Gössel/Zipf/*Bearbeiter*)

Maurach/Schroeder/Maiwald, Strafrecht Besonderer Teil 2, 10. Aufl. 2013 (Maurach/Schroeder/*Maiwald*)

Maurer, Allgemeines Verwaltungsrecht, 19. Aufl. 2017 (*Maurer*)

Müller-Gugenberger (Hrsg.), Wirtschaftsstrafrecht, 6. Aufl. 2015 (Müller-Gugenberger/*Bearbeiter*)

Münchener Kommentar, Strafgesetzbuch, 2. Aufl. 2014 (MükoStGB/*Bearbeiter*)

Murmann, Grundkurs Strafrecht, 3. Aufl. 2015 (*Murmann*)

Nomos-Kommentar, Strafgesetzbuch, 5. Aufl. 2017 (NK-StGB/*Bearbeiter*)

Rengeling (*Hrsg.*), Handbuch zum europäischen und deutschen Umweltrecht, Band 1, 2003.

Rotsch（Hrsg.）, Criminal Compliance, 2015（zit. Rotsch/*Bearbeiter*）

Roxin, Strafrecht AT Ⅰ, 4. Aufl. 2007（*Roxin* AT Ⅰ）

Roxin, Strafrecht AT Ⅱ, 2003（*Roxin* AT Ⅱ）

Roxin/Arzt/Tiedemann, Einführung in das Strafrecht und Strafprozessrecht, 6. Aufl. 2014（*Roxin/Arzt/Tiedemann*）

Sack, Umweltschutzstrafrecht, Loseblatt, Stand: Juni 2016（*Sack*）

Saliger, Umweltstrafrecht, 2011（*Saliger*）

Satzger/Schluckebier/Widmaier, Strafgesetzbuch, 3. Aufl. 2016（Satzger/Schluckebier/Widmaier/*Bearbeiter*）

Schenke, Verwaltungsprozessrecht, 15. Aufl. 2017（*Schenke*）

Schwartmann/Pabst, Umweltrecht, 2. Aufl. 2011（*Schwartmann/Pabst*）

Stratenwerth/Kuhlen, Strafrecht Allgemeiner Teil, 6. Aufl. 2011（*Stratenwerth/Kuhlen*）

Systematischer Kommentar, Strafgesetzbuch, Band 6, 9. Aufl. 2016（SK-StGB/*Bearbeiter*）

Tiedemann, Wirtschaftsstrafrecht, 5. Aufl. 2017（*Tiedemann*）

Triffterer, Umweltstrafrecht, 1980（*Triffterer*）

Wabnitz/Janovsky（Hrsg.）, Handbuch des Wirtschafts-und Steuerstrafrechts, 4. Aufl. 2014（*Wabnitz/Janovsky/Bearbeiter*）

Wessels/Beulke/Satzger, Strafrecht AT, 46. Aufl. 2016（*Wessels/Beulke/Satzger*）

Wittig, Wirtschaftsstrafrecht, 4. Aufl. 2017（*Wittig*）

译后记

一

德国通过刑法保护环境起步于 20 世纪 60 年代，此后分别通过 1980 年的《第一次环境犯罪抗制法》和 1994 年的《第二次环境犯罪抗制法》实现了较为完善的立法规定，2011 年通过的有"第三次环境犯罪抗制法"之称的《第 45 次刑法改革法》，旨在落实欧盟环境保护指令因而呈现出欧盟法化的特征。德国环境刑法自 1980 年代开始，即作为核心刑法集中规定于《德国刑法》第 29 章"危害环境的犯罪"。与立法完善并行的是司法适用的统一性和理论研究的体系化，其中一个重要标志就是，德国刑法文献中陆续出现了包括本书在内的不同版本的环境刑法教科书。[①]

尽管我国环境刑法在立法模式上与德国一样，系统性地规定于刑法分则第六章"妨害社会管理秩序罪"第六节"破坏环境资源保护罪"。但是，我国刑法理论对环境刑法成规模地研究和关注，却是 2011 年《刑法修正案（八）》将环境污染事故罪修改为污染环境罪之

[①] Vgl. Börner, Umweltstrafrecht, 2020; Kloepfer/Heger, Umweltstrafrecht, 3. Aufl. 2014; Saliger, Umweltstrafrecht, 2. Aufl. 2020.

后的事情。相较于德国环境刑法精细化的系统研究，我国的环境刑法理论是片段且缺乏体系的：研究范围多集中于污染环境类犯罪，而对破坏环境资源类犯罪的研究十分薄弱；研究旨趣也多聚焦于环境法益以及在环境刑事治理早期化的正当性及其限度等宏观层面问题，这造成除我国《刑法》第338条污染环境罪这一具有环境刑法总论性质的罪名外，鲜有对其他各罪的教义学阐释。可以说，结合最新司法解释和典型指导案例，深度挖掘环境刑法教义学的具体问题，应是中国环境刑法研究未来的方向和突破口。

如陈兴良教授在本书序言中所提及的，本书虽论述简约，但围绕分则罪状就各罪构成要件要素尤其是"垃圾""设备"等概念的绵密精致分析，足以给人留下深刻印象。仅就此而言，本书既是了解德国环境刑法的理想窗口，也是发展我国分则领域的理想样本。本书将德国环境刑法置于《德国刑法》第29章的体系脉络中，既对刑事责任归属问题在环境犯罪领域的特殊表现进行了介绍，也结合司法实践和具体案例对主要罪名构成要件要素做了细致梳理。简明清晰的体系脉络，使读者既能轻松地全面了解德国环境刑法理论和实践，又能在相当理论深度体会刑事责任一般归属原理在环境犯罪领域的具体应用场景及其灵活变化。

党的十八大以来，我国生态文明建设和生态环境保护工作取得了重要成就。"用最严格制度最严密法治保护生态环境"，是新时代"加强生态文明建设、打好污染防治攻坚战"所应坚持的原则。2021年3月生效实施的《刑法修正案（十一）》，除加强对污染环境犯罪本身的治理力度外，也同样重视破坏环境类犯罪的完善与协调，如增设了破坏自然保护地罪，非法猎捕、收购、运输、出售陆生野生动物罪等。这为进一步推动环境犯罪基础理论研究，从污染环境犯罪和破坏环境资源犯罪两个角度系统研究环境犯罪提供了契机。同时，为有效强化公共卫生刑事保障，《刑法修正案（十一）》既进一步明确妨害传染病防治罪构成要件，也增设非法猎捕、收购、运输、出售陆生野生动物罪，增设后者除与2020年2月全国人大常委会通过的《关于全面禁止非法野生动物交易、革除滥食野生动物陋习、切实保障人民群众生命健康安全的决定》相衔接外，更为了从源头上控制重大公共卫生风险的发生。基于法秩序统一性原理，随着生态环境相关法律法规（包括《民法典》中涉环境保护条文）的颁行实施，作为典型法定犯的环境刑法也会随前置法的变动而调整。环境犯罪责任归属结构的非典型性，正是根源于环境刑法从属于前置法的特性。在国家推进生态文明建设和环境法典编纂的背景下，我们有理由期待，本书不仅有助于推动中国环境刑事治理的完善发展，也能为环境法典编纂工作提供不同的观察视角和参考素材。

此外，近年来全球极端气候和重大自然灾害频频出现，可以预见，包括气候刑法在内的气候变化法律问题，是人类当前和未来很长时期内必须直面的课题。这一课题自始便具有跨国（境）性的鲜明印记决定了，克服这一全球性挑战需要全球性的视野和交流。因而，同本书作者在中文版序言所期待的，译者也不揣冒昧，将本书出版视作是环境刑法尤其是气候刑法研究与国际交流的邀请。

二

在2015年至2017年博士后在站期间，我将"环境刑事治理的前置化"作为博士后报告的主题，对环境刑法领域做了一些初步研究。[1]

---

[1] 参见张志钢《论累积犯的法理：以污染环境罪为中心》，载《环球法律评论》2017年第2期；张志钢：《摆荡于激进与保守之间：论扩张中的污染环境罪的困境及其出路》，载《政治与法律》2016年第8期。

译后记

博士后出站进入中国社科院法学所工作后，我仍一直关注环境刑法的实务进展与理论动态，并于 2021 年以"生态环境犯罪责任归属研究"申获国家社科基金项目。本书出版可视为本项目的阶段性成果。

感谢本书作者保罗·克雷尔教授的信任和授权。克雷尔教授目前为德国汉堡法学院全球化和数字化风险社会的刑法教席教授，近年来撰写有诸多经济刑法与环境刑法论著，为这一领域公认的专家。本书能够与罗克辛、阿茨特、蒂德曼教授所著《刑法与刑事诉讼法导论（第 6 版）》（Roxin/Arzt/Tiedemann, Einführung in das Strafrecht und Strafprozessrecht）以及库德利希和奥格拉克西卢教授所著《经济刑法（第 3 版）》（Kudlich/*Oğlakcıoğlu*, Wirtschaftsstrafrecht）并列，跻身于德国著名的穆勒出版社法学简明教科书丛书系列，是本书品质的最好证明。

感谢陈兴良教授为中译本慷慨赐序。本书出版诸事宜基本确定后，我怀着忐忑的心情与陈老师联系，第二天即十分惊喜地得到陈老师的肯定答复，并在很短时间内惠赐序言大力推荐。陈老师这种对学生的提携和关爱使我时常铭感于心。同时，也感谢罗克辛教授的授权翻译，他于 2021 年为祝贺德国马普外国与国际刑法研究所[①]前所长乌尔里希·齐白教授 70 寿诞所著的最新力作《环境刑法中的行政许可》（见附录一），从行政许可角度讨论环境不法行为的认定。该文有助于我们从行政许可角度把握环境刑法行政从属性的最新理论动态。

感谢法学所领导和同事的支持和关照，使得本书出版有幸获得中国社会科学院的资助。感谢法学所生态法研究室的同事张忠利博士、林潇潇博士，两位老师从专业角度提供了宝贵的修改意见。感谢唐志

[①] 该所于 2020 年更名为"马普犯罪、安全与法律研究所（Max Planck Institute for the Study of Crime, Security and Law）"。

威博士，他不仅通读译文并为本书翻译提供诸多中肯的修改建议，也不辞辛苦从中联系版权事宜。感谢我所带的2021级硕士生董琦、董唯尧、胡碧澄、刘俊辰、童译瑶、万子需、杨慕汝七位同学参与不同环节的校对工作，特别是童译瑶和刘俊辰在后期耗费大量时间协助制作附录。感谢中国社会科学出版社许琳副编审的奉献精神和专业能力。这是继2019年《论不能未遂的可罚性》一书出版后，我出版的第一部译著。

本书属于刑法与环境法的交叉领域，涉及环境领域大量的行政法规和专有名词。因而，书虽小却翻译难。译者前期利用零碎时间断断续续翻译，后期整合时又几乎重新译校一遍。从开始翻译到完稿，约摸两年时间。即便如此，囿于译者知识水平的限制，译文难免存在不够准确晓畅之处，敬请读者批评指正。

译者

2022年7月18日

于中国社科院法学所